Lehnstaedt | Der Große Nordische Krieg 1700–1721

Kriege der Moderne

Herausgegeben vom Zentrum für Militärgeschichte und Sozialwissenschaften der Bundeswehr

Stephan Lehnstaedt

Der Große Nordische Krieg 1700–1721

Reclam

Zentrum für Militärgeschichte und Sozialwissenschaften der Bundeswehr, Fachbereich Publikationen (0881-01)

2021 Philipp Reclam jun. Verlag GmbH,
Siemensstraße 32, 71254 Ditzingen
Umschlagabbildung: Pierre-Denis Martin, Die Schlacht von Poltawa.
Niday Picture Library / Alamy Stock Photo
Druck und Bindung: Firmengruppe APPL, aprinta druck GmbH,
Senefelderstraße 3–11, 86650 Wemding
Printed in Germany 2023
RECLAM ist eine eingetragene Marke der
Philipp Reclam jun. GmbH & Co. KG, Stuttgart
ISBN 978-3-15-011345-5

Auch als E-Book erhältlich

www.reclam.de

FSC www.fsc.org
MIX
Papier | Fördert gute Waldnutzung
FSC® C004592

Dieses Buch wurde klimaneutral gedruckt.

Alle CO_2-Emissionen, die beim Druckprozess unvermeidbar entstanden sind, haben wir durch ein Klimaschutzprojekt ausgeglichen.

Nähere Informationen finden Sie hier:

Klimaneutral
Druckprodukt
ClimatePartner.com/14058-1912-1001

Inhalt

↗ Der russische Zar Peter I. (1672–1725) während der Schlacht von Poltawa. Gemälde, um 1710

1 Nachlese einer Schlacht: Karl XII. und Peter I. nach Poltawa

»Hier ist Alles gut gelungen. Nur am Schlusse des Jahres und nur durch einen besonderen Zufall hatte die Armee das Unglück, Verluste zu erleiden, die, wie ich hoffe, binnen Kurzem wieder gut gemacht sein werden.« So positiv gestimmt gab sich der schwedische König Karl XII. im August 1709 in einem Brief an seine Schwester Ulrika Eleonore. Die tatsächliche Lage sah weit weniger rosig aus.

Ziemlich genau einen Monat war es her, dass Karl und seine Armee im Südosten der heutigen Ukraine dem russischen Heer unterlegen wa-

Friedrich August I., Kurfürst von Sachsen, genannt der Starke (1670–1733), wurde als August II. zum König von Polen gewählt. Gemälde, um 1723

ren. Die Schlacht von Poltawa am 8. Juli 1709 war für Schweden alles andere als eine Petitesse, und vor allem Zweckoptimismus bestimmte das Schreiben nach Stockholm. Es wurde aus dem Feldlager im heute moldauischen Bender abgesandt – 600 Kilometer weit waren die wenigen überlebenden Schweden vor den nachrückenden Russen geflohen und hatten nur mit knapper Not die rettende Grenze zum Osmanischen Reich überschritten.

Die einst furchteinflößende schwedische Armee, die fast ein Jahrhundert lang als die kampfstärkste in ganz Europa gegolten hatte, existierte nicht mehr: In Poltawa »hat es sich denn hernach zugetragen, dass der größte Teil des Fußvolks verloren gegangen ist und dass auch die Reiterei viel Abbruch erlitten hat. Dieser Verlust ist allerdings groß.« So realistisch war Karls Beurteilung drei Tage nach der Schlacht, aber das war nicht für die Augen seiner Schwester bestimmt, sondern für seine Generale.

Tatsächlich war allein in Poltawa von über 25 000 Schweden etwa die Hälfte gefallen. Viele weitere starben auf dem missglückten Rückzug, und nicht wenige gerieten in Kriegsgefangenschaft. Innerhalb einer Woche war ein Prozent der schwedischen Bevölkerung in Russland gestorben. Kaum mehr als 2000 Soldaten hatte Karl in Bender noch bei sich. Aber was hatten sie überhaupt im Russischen Reich verloren, in der südlichen Ukraine, nur wenige Tagesmärsche von Charkiw entfernt?

Sie kämpften dort im Großen Nordischen Krieg, der von 1700 bis 1721 dauerte. Den Krieg ausgelöst hatten die großen Ambitionen von Monarchen, und er brachte großes Leid über ihre Untertanen und Soldaten. Zudem führte er zu einer Neuordnung Europas: Zu Beginn des Krieges war Schweden eine militärische Großmacht mit ausgedehnten Territorien an der ganzen Ostseeküste, am Ende hatte es diese Stellung verloren und war von einem Imperium zu einem Mittelstaat an der europäischen Peripherie geworden.

Die vorherrschende Kraft südlich der Ostsee war die Adelsrepublik (*Rzeczpospolita*) Polen-Litauen, deren Ständevertreter 1697 den sächsischen Kurfürsten Friedrich August I. als August II. zum König gewählt hatten. Das größte Flächenland Europas wollte dank der wirtschaftlichen Prosperität des viel kleineren Sachsen zu vergangener Stärke zurückfinden. August wiederum hoffte, mit Unterstützung der legendären polnischen Husaren für seine Dynastie im Baltikum weitere Erblande erwerben zu können.

Östlich von Polen lag das Moskauer Reich des russischen Zaren Peter I., das bisher kaum auf der europäischen Bühne in Erscheinung getreten war. Peters Regierungsstil war bestimmt von direkter Kontrolle, von drakonischen Maßnahmen und von seiner persönlichen Führung in Schlachten. Die von ihm durchgesetzte dynamische Modernisierung des Landes und seiner Armee dienten vor allem dem Ziel einer Expansion an die Ostsee. In Poltawa sicherte Peter diese Gebietsgewinne ab und machte zudem einem Aufbegehren der ukrainischen Kosaken um Iwan Masepa ein Ende, der als Verbündeter Karls XII. ein eigenes Reich gründen wollte.

Peter und August – sowie zeitweise Dänemark-Norwegen, Brandenburg-Preußen und Hannover – versuchten 21 Jahre lang, ihre Macht auf Kosten Schwedens auszubauen. Aus heutiger Sicht mutet das wie eine ausgemachte Sache an, zunächst aber eilte Karl an der Spitze seiner

Der schwedische König Karl XII. (1682–1718) und der Hetman der ukrainischen Kosaken Iwan Masepa (1639–1709) nach der Schlacht von Poltawa 1709. Gemälde von Gustaf Cederström, 1879

Truppen von Sieg zu Sieg und schaltete einen Kriegsgegner nach dem anderen aus. Was ihn und seine Soldaten nach Poltawa geführt hatte, war der unbedingte Wille, Russland in einer Entscheidungsschlacht niederzuwerfen, um das eigene Ostseeimperium zu sichern.

Poltawa wurde zu einer Katastrophe für die Schweden. Eine Entscheidungsschlacht jedoch war es nur bedingt, denn bis zum Frieden von Nystad 1721 sollten die Kämpfe noch zwölf Jahre andauern. Weitere

Armeen wurden ins Feld geführt, doch der Kriegsschauplatz hatte sich von Russland nach Nordostdeutschland verlagert, wo Schweden ebenfalls über große Ländereien verfügte. Angesichts des schwindenden Erfolgs strebte Karl nach der Initiative, um weiterhin das Geschehen zu bestimmen. Seine Soldaten folgten ihm bedingungslos, denn er war 18 Jahre lang ununterbrochen gemeinsam mit ihnen im Felde, führte sie an und zog sich immer wieder selbst Verwundungen zu.

Doch es gelang nicht mehr, eine Wende herbeizuführen. Und so erwiesen sich die Worte Peters I. als zutreffend, der die Bedeutung von Poltawa sofort klar erfasst hatte: »Jetzt ist vollends mit Gottes Hilfe der Grundstein für Sankt Petersburg gelegt.« Der russische Zar hatte große Gebiete an der Ostsee erobert und machte die nach ihm selbst benannte, 1703 gegründete Siedlung an der Newa bereits 1712 zur Hauptstadt des Russischen Reiches. Und während Peter der große Gewinner des Nordischen Krieges war, musste August machtlos zuschauen, wie sich Preußen an der schwedischen Beute schadlos hielt.

Karl XII. wird in Schweden nach wie vor als letzter Kriegerkönig und Herrscher über ein untergegangenes Reich angesehen. August II. hingegen hat in Polen ein schlechtes Image, in Sachsen jedoch gab man ihm – wegen seiner vielen Mätressen – den Beinamen »der Starke«. Nur Peter I. ist allgemein als »der Große« bekannt.

↗ 1614 war erstmals vom schwedischen *Dominium maris baltici* – der ›Ostseeherrschaft‹ die Rede. Der Hafen von Stockholm auf einem Gemälde von Bonaventura Peeters, 1636

2 Nordosteuropa im 17. Jahrhundert: das schwedische Imperium und der Niedergang Polens

Spätestens seit den Zeiten der Hanse war die Ostsee ein Meer der Möglichkeiten: Sie ermöglichte kulturellen Austausch, schnellen Transport und umsatzstarken Handel. Entsprechend attraktiv war es, die Kontrolle über sie auszuüben. Anspruch darauf erhoben zunächst die dänischen Herrscher, die den Sund und damit die Zufahrt von der Nordsee zur Ostsee kontrollierten. Das brachte ihnen üppige Zolleinnahmen ein, die die Expansion nach Norwegen finanzierten. Dieser Reichtum rief natürlich Neider auf den Plan, und insbesondere der Nachbar Schweden erwies sich als überaus geschickt darin, den Dänen den Rang abzulaufen: 1614 war erstmals die Rede vom schwedischen *Dominium maris baltici* – der Ostseeherrschaft.

Dieser Aufstieg war auch deshalb möglich, weil südlich des Meeres die polnischen Adligen viel mehr an ihren eigenen Landbesitz dachten als an den Seehandel. Ihr Expansionsdrang führte sie nach Osten, gegen das Moskauer Zarenreich: Unter ihrem aus Schweden stammenden König Sigismund III. Wasa ritten polnische Husaren 1610 in den Kreml und konnten wenige Jahre später einen überaus vorteilhaften Frieden erzwingen.

Moskau wiederum wurde von allen Seiten bedrängt: Im Osten und Süden musste es sich der tatarischen Reitervölker erwehren, im Westen der Polen, und im Norden besetzte Schweden, zu dessen Territorium in jener Zeit auch das heutige Finnland gehörte, immer größere Teile des Baltikums und verweigerte den Zaren einen Zugang zum Meer. Von Stockholm aus wurden das heutige Estland und Lettland regiert, Karelien, Ingermanland und sämtliche Ostseeinseln, dazu Vorpommern sowie das an die Nordsee reichende Herzogtum Bremen-Verden. Die Zahl der Untertanen Schwedens blieb bescheiden, sie verteilten sich aber auf eine riesige Fläche. Gemeinsam mit Finnland hatte das Mutterland 1,4 Millionen Einwohner, nochmals 1,1 Millionen lebten auf der anderen Seite der Ostsee. Und während Stockholm 57 000 Bewohner zählte, waren lediglich noch Riga, Reval, Stralsund und Stettin von nennenswerter Größe, wenn auch nur jeweils mit 10 000–12 000 Menschen. Das war zwar nichts im Vergleich zu Metropolen wie London und Paris mit ihren Bevölkerungen von jeweils über einer halben Million, aber Schweden war nach seinen Eroberungen im Dreißigjährigen Krieg (1618–1648) größer als etwa Brandenburg-Preußen mit 2 Millionen, Dänemark-Norwegen mit 1,5 Millionen oder Sachsen mit 1,2 Millionen Einwohnern.

Wie aggressiv und zudem erfolgreich Schweden militärisch agierte, bekam vor allem Polen-Litauen immer wieder zu spüren. Seine Trup-

pen verwüsteten das Land so stark, dass im Polnischen bis heute »Schwedenflut« ein geflügeltes Wort für eine Heimsuchung biblischen Ausmaßes ist. Weil in jenen Jahren in der Mitte des 17. Jahrhunderts außerdem die in der heutigen Ukraine beheimateten Kosaken mit Moskauer Hilfe gegen die polnische Dominanz rebellierten, erlebte Polen nach seinem Triumph 1610 ein Zeitalter voller Not und Elend.

Die Adelsrepublik verlor Ende des 17. Jahrhunderts ihren Status als Großmacht und entwickelte sich immer mehr zu einem kaum noch regierbaren, von inneren Auseinandersetzungen gebeutelten und von äußeren Feinden bedrängten Land. Dennoch deutete zunächst nichts darauf hin, dass einmal Russland und Preußen die dominierenden Akteure in Ostmitteleuropa sein würden. Erst die Geschichtsschreibung des 19. Jahrhunderts hat diese Vorherrschaft als erwartbar und gewissermaßen natürlich dargestellt. Aber diese Annahme geht von falschen Voraussetzungen aus: Keinesfalls handelte es sich dabei um einen zwangsläufigen Prozess, ganz im Gegenteil ist er höchst erklärungsbedürftig.

Der Niedergang von Polen-Litauen war nicht unabwendbar. Der *Sejm*, das Parlament der Adelsrepublik, hatte 1697 mit Friedrich August von Sachsen den Herrscher des wohlhabendsten deutschen Kurfürstentums als August II. zu seinem König gewählt. Der Dynastie der Wettiner war damit als erstem Haus innerhalb des Heiligen Römischen Reiches der Aufstieg zur Königskrone gelungen. Die Krönung schien ein konsequenter Schritt auf dem Weg zu einer glänzenden Zukunft,

Riga war weit hinter Stockholm und neben Reval, Stralsund und Stettin eine der größeren schwedischen Städte im Ostseeraum.
Ansicht der Stadt Riga, Kupferstich, um 1700

denn selbst die vergleichsweise bescheidenen Machtmittel der Adelsrepublik stellten August weit höher als seine Berliner Rivalen. Dass Brandenburg-Preußen zum alles dominierenden Faktor der deutschen Geschichte werden würde, konnten sich die Zeitgenossen um 1700 nicht vorstellen.

Und tatsächlich war die Adelsrepublik Polen-Litauen, bei aller Schwäche, nicht rückständiger als ihre Nachbarn: Feudalismus und Leibeigenschaft gab es schließlich auch in Russland oder Preußen. Ähnliches galt für das polnische Militär, das vielleicht nicht den mitteleuropäischen Erwartungen an eine starke Infanterie entsprach, aber mit seinem Fokus auf die schwere Reiterei perfekt auf Auseinandersetzungen in den Weiten Osteuropas vorbereitet war. Zuletzt hatten sich diese Einheiten beim Sieg gegen die Türken vor Wien 1683 bewährt.

Vor der Wende vom 17. zum 18. Jahrhundert deutete außerdem nichts auf einen schwedischen Einflussverlust hin. Das Land war seit den drei Friedensverträgen 1660/61 mit Polen, Dänemark und Russland in eine Phase der Konsolidierung eingetreten und hatte lediglich 1675 in Fehrbellin eine militärisch unbedeutende, aber für Preußens Gloria hochsymbolische Schlacht verloren. Karl XI. setzte danach auf einen Modernisierungskurs und sicherte sich selbst absolutistische Vorrechte. Das ging einher mit einer massiven Steigerung der Einkünfte der Krone: Der Königshof zog insbesondere in den baltischen Provinzen Lehen ein, um so unmittelbaren Zugriff auf deren Einkünfte zu erhalten. Der Grundbesitz des Monarchen stieg in Livland von 1,25 Prozent auf über 80 Prozent. Das stieß auf massiven Protest der lokalen Adligen. Doch statt deren Anführer Johann von Patkul Zugeständnisse zu machen, klagte man ihn in Stockholm der Majestätsbeleidigung an.

Im schwedischen Kernland hingegen traf die neue Politik auf Zustimmung: Der Militärstaat hatte die Gesellschaft verändert. Es herrschte nicht mehr nur eine kleine Clique alteingesessener Adliger, die von den Einkünften ihrer Ländereien lebten, sondern es gab auch viele Männer, die für ihre Verdienste geadelt worden waren. Diese Offiziere und Beamten waren die großen Nutznießer der Neuordnung. Zugleich verminderte sich die Staatsschuld von über 40 auf 10 Millionen Taler, außerdem konnten Heer und Flotte ausgebaut werden.

Der Sohn Karls XI., der als Karl XII. der bedeutendste Feldherr des Großen Nordischen Krieges werden sollte, übernahm bei seiner Thron-

Rzeczpospolita – die polnisch-litauische Adelsrepublik

Einer der ungewöhnlichsten Staaten der Frühen Neuzeit war die seit einem Unionsvertrag von 1569 bestehende polnisch-litauische *Rzeczpospolita*. Dieser Zusammenschluss war ganz wörtlich die »gemeinsame Sache« eines Adels, der beinahe zehn Prozent der Bevölkerung ausmachte. Er trat im *Sejm*, dem Parlament, zusammen, beschloss dort Gesetze und wählte den König. Latein als gemeinsame Amtssprache ermöglichte die Verständigung, aber die Vorrechte der Adligen erschwerten eine effiziente Verwaltung. Dazu gehörte insbesondere das *liberum veto*, das jedem Anwesenden ein Blockaderecht im *Sejm* ermöglichte, weshalb die erforderliche Einstimmigkeit oftmals mit vielen Zugeständnissen erkauft werden musste.

Dennoch erwies sich Polen-Litauen als erstaunlich handlungsfähig. Zeitweise erstreckte sich das beherrschte Gebiet von der Ostsee bis ans Schwarze Meer – es war der größte Flächenstaat Europas. Manche der hochadligen Magnaten herrschten über größere Territorien als die deutschen Fürsten. Weil ihre Besitzungen selten zusammenhingen, sondern sich über beide Reichsteile erstreckten – die jeweils ihre eigenen Verwaltungsstrukturen hatten, so dass sämtliche Ämter doppelt vorhanden waren – galt ihr Interesse aber einem Fortbestand der Republik. Außerdem boten Königswahlen, wie etwa die von Friedrich August von Sachsen, die Möglichkeit, durch Bestechungen an Posten zu gelangen.

besteigung 1697 ein finanziell gut aufgestelltes Reich mit einem wohlorganisierten und extrem schlagkräftigen Militär. Der zu diesem Zeitpunkt erst 15-jährige König hatte sich umfassend mit Strategie und Geschichte beschäftigt, aber seine Studien noch nicht abgeschlossen. Doch dafür war nun keine Zeit mehr. Karl nahm den Eid und die Huldigung der Stände entgegen und ließ sich am nächsten Tag in der Stockholmer Kathedrale krönen.

Angesichts der Jugend und vermeintlichen Unerfahrenheit Karls XII. nutzten rivalisierende Herrscher die Gelegenheit, um auf Kosten Schwedens zu expandieren. An anderen Fronten war Ruhe, denn die Osmanen hatten mit den Habsburgern Frieden geschlossen, sodass keine Truppenkontingente für den Schutz des Heiligen Römischen Reiches mehr benötigt wurden. Und der Spanische Erbfolgekrieg sollte in Westeuropa erst ab 1701 wüten. Diese und andere Konflikte waren regionalisiert und voneinander getrennt – und alle Parteien stimmten darin überein, dies auch grundsätzlich weiter so halten zu wollen.

Unter diesen Vorzeichen verbündeten sich Sachsen, Russland und Dänemark Ende 1699 gegen Schweden. In Kopenhagen fürchtete man um die Kontrolle über den Öresund, denn Schweden hatte schon eine Befreiung von den ansonsten fälligen Zöllen erwirkt; außerdem stellte das im Süden des Landes gelegene Herzogtum Schleswig-Holstein-Gottorf einen permanenten Streitpunkt mit Schweden dar. Formal ein Teil Dänemarks, strebte das Herzogtum nach mehr Autonomie und näherte sich Stockholm an, wozu auch die Heirat des Herzogs Friedrich IV. mit Karls älterer Schwester Hedvig Sofia beitrug. In Kopenhagen sah man die Stunde gekommen, diese Entwicklungen nicht nur aufzuhalten, sondern sogar umzukehren.

Wie Russland mit seinem Zugang zur Ostsee argumentierte der dänische König Friedrich IV. (der nicht mit seinem Gegner, dem gleichnamigen Herzog aus Holstein-Gottorf, zu verwechseln ist) mit der Rückgewinnung verlorener Territorien, denn die ehemalige dänische Provinz Schonen im Süden des schwedischen Festlands gehörte in jener Zeit bereits zu Schweden. Der schwelende Nachbarschaftskonflikt war der wesentliche Grund, weshalb Kopenhagen fast die Hälfte seines Staatshaushalts für das Militär ausgab. Zar Peter handhabte das nicht grundsätzlich anders, aber die entscheidende Voraussetzung für seinen Kriegseintritt war ein Friedensschluss mit dem Osmanischen Reich, der 1699 glückte. Nun musste Moskau im Süden nicht mehr mit einem Angriff in der ukrainischen Steppe rechnen und hatte den Rücken frei für einen Konflikt im Norden.

Peter hatte außerdem ein persönliches Anliegen: Immer wieder beschwor er als Ursache für sein Engagement eine Beleidigung bei einem Besuch im schwedischen Riga 1697: Der Zar war inkognito durch Europa gereist und wollte auf dem Rückweg die dortige Festung besichtigen und auch zeichnen. Diese durchaus ungewöhnliche Bitte lehnte der Rigaer Gouverneur ab – ihm war wohl bewusst, um wen es sich bei »Herrn Michailow« handelte, aber da der sich nicht offiziell als russischer Monarch vorgestellt hatte, musste er auch nicht mit Unterwürfigkeit behandelt werden. Peter beschwerte sich in Stockholm bei Karl XII., doch der wollte in der verweigerten Inspektion nichts Verwerfliches erkennen

Konkurrent um die Vorherrschaft im Ostseeraum: Friedrich IV., König von Dänemark (1671–1730). Kupferstich, um 1766

und lehnte eine Bestrafung des Gouverneurs ab. Noch 1709 benannte Peter dieses Verhalten als seinen Kriegsgrund.

Anfangs waren die territorialen Ziele Russlands bescheiden: Es ging zunächst darum, die einstigen Besitzungen rund um die Stadt Nowgorod zurückzugewinnen und einen Zugang zur Ostsee zu erhalten. Weitere Ambitionen, etwa in Polen oder Kurland, kamen erst im Verlauf des Krieges hinzu. Anders als bei den schwedischen Eroberungen im 17. Jahrhundert ging es Peter I. und Friedrich IV. um Revanche und die Kompensation früherer territorialer Verluste – so wie Herrscher und Staaten zu allen Zeiten mit historischen Ansprüchen argumentierten. Letzten Endes kämpften die schwedischen Soldaten dafür, dass ihr Land seine Eroberungen behalten durfte. Sie riskierten ihr Leben für diejenigen, die vom Imperium bisher profitiert hatten, also insbesondere für Adlige, die in den neu erworbenen Gegenden reiche Latifundien zugeteilt bekommen hatten. Das war bei den Gegnern nur insofern anders, als dort für den zukünftigen Reichtum von Wenigen gefochten wurde.

Nordosteuropa 1699

Als offen auf Eroberungen bedachter eigentlicher Kriegstreiber erwies sich August von Sachsen. Er hoffte, als König von Polen Gebiete in Livland und Einfluss in Kurland gewinnen zu können, weshalb er Anspruch auf diese einstmals polnisch-litauischen Territorien erhob. Der Plan war, diese mit polnischen Truppen einzunehmen und dann seiner Dynastie als Lehen und künftige Erblande zuzuschanzen. Zu diesem Zweck tat er sich mit Johann von Patkul zusammen, der aus Stockholm nach Dresden fliehen konnte und August großzügig – und in vollkommener Verkennung der Realitäten – der Unterstützung des livländischen Adels versicherte. Bei einem Angriff auf Schweden stellte er sogar einen Aufstand in Aussicht.

August war voller Zuversicht und glaubte an einen leichten Sieg gegen Schweden. Mit Peter hatte er sich im Sommer 1698 erstmals getroffen und ein Bündnis diskutiert, das ein Jahr später in den Vertrag von Preobraschenskoje mündete. Patkul, der auf Rache für die Behandlung durch Karl sann, firmierte dabei als sächsischer Gesandter. Er hatte bereits zuvor Friedrich von Dänemark besucht, mit dem in Dresden ein Bündnisvertrag unterzeichnet worden war. Die Nordische Allianz war geboren. Sachsen stand im Zentrum, und um Schweden über die Kriegsvorbereitungen zu täuschen, schloss man zeitgleich sogar ein Defensivbündnis mit Stockholm ab.

August war weder an einem langen Krieg interessiert noch dazu überhaupt in der Lage. Die sächsischen Truppen hatten zwar in den Kriegen gegen die Osmanen und – unter kaiserlicher Führung – gegen die Franzosen einige Erfahrung gesammelt, aber eben nur als Teile eines größeren Heeres. Sie jetzt in womöglich verlustreiche Schlachten zu schicken, entsprach nicht dem Kalkül eines rational denkenden Fürsten, der seine kostspieligen Soldaten schonen wollte. Das galt insbesondere, weil August sich Haushaltsmittel nach wie vor von den sächsischen Ständen genehmigen lassen musste; diese aber sahen keinen Vorteil für sich in einem Krieg, der um Gebiete in vielen hundert Kilometern Entfernung geführt wurde.

Auf größere Sympathien in Polen konnte August aus denselben Gründen nicht zählen. Außenpolitik war das Vorrecht des Monarchen, aber wenn sie ausschließlich seinen Interessen diente, wollte der Adel nicht mitziehen. Und da er die Reiterei stellte, die den ganz überwiegenden Teil der Armee ausmachte, war unklar, inwieweit August darauf zurückgreifen konnte. Er hatte zwar in Polen-Litauen erste Versuche unternommen, eine Infanterie als stehende Truppe auszuheben, aber es gab noch keine substanziellen Resultate. Aus diesem Grund schloss lediglich Sachsen die Bündnisse mit Dänemark und Russland – es handelte der Kurfürst Friedrich August I., nicht der König August II. Polen-Litauen diente als Aufmarschgebiet, blieb dem Krieg aber vorerst fern.

↗ Belagerung der Festung Tönning im Herzogtum Holstein-Gottorf durch dänische Truppen im März 1700. Aus einem Atlas zum »Großen Nordkrieg«, um 1735

3 Die Armeen der kriegführenden Mächte

Der Kriegsauftakt schlug aus Sicht der verbündeten Angreifer gehörig fehl. Dänemark hatte am 11. März 1700 annähernd 14 000 Mann gegen das Herzogtum Holstein-Gottorf vorrücken lassen. Mit dem Überraschungseffekt auf seiner Seite schien zunächst alles gut zu laufen. Aber Schweden schickte Verstärkung für die belagerten Truppen in der Festung Tönning aus dem Süden, aus Verden und Vorpommern, während zugleich in Karlskrona, 250 Kilometer östlich von Kopenhagen, die Flotte auf das Auslaufen vorbereitet und personell verstärkt wurde.

König Friedrich IV. hatte den Großteil seiner Soldaten auf den Feldzug gegen seinen herzoglichen Nachbarn entsandt und lediglich 5000 Mann in der Hauptstadt zurückbehalten. Der Schutz Kopenhagens oblag hauptsächlich 33 Linienschiffen – den größten Seglern jener Zeit mit Dutzenden Kanonen, die in einer Schlacht in Linie hintereinander fuhren, um Breitseiten abzufeuern. Sie sollten Schwedens Überquerung des Öresunds verhindern, denn dessen Territorium war kaum mehr als zehn Kilometer von Kopenhagen entfernt. Genau jene Landungsoperation aber plante Karl XII. Er versicherte sich dafür auch der Unterstützung der Engländer und Niederländer, die Dänemark nicht die vollständige Kontrolle über den Öresund zugestehen wollten – weil das Zölle auf ihren Ostseehandel bedeutet hätte. Sie schickten Schweden, das über 42 Linienschiffe verfügte, daher weitere 25, die Karl bereits im Juli für seine Landung in Seeland nutzte. Wie schon das Heer in Tönning wich auch die dänische Flotte einem Gefecht mit dem überlegenen Feind aus, sodass Schweden kurz darauf Kopenhagen mit rund 14 000 Soldaten einschloss und zu belagern begann. Friedrich IV. sah keinen anderen Ausweg, als um Frieden zu ersuchen. Immerhin pochten England und Niederlande nun auf den status quo ante, weshalb ihm weitere Demütigungen erspart blieben.

Die schwedische Armee

Bevor Russland überhaupt die ersten Soldaten ins Feld geführt hatte, war Dänemark als Bündnispartner schon aus dem Krieg ausgeschieden. Karl XII. hatte energisch gehandelt und sowohl die Einsatzbereitschaft als auch die Fähigkeiten seiner Armee eindrucksvoll gezeigt. Immer wieder sollte er in den kommenden Jahren beweisen, dass die Ostsee für ihn kein Hindernis darstellte, sondern ganz im Gegenteil schnelle Truppenverlegungen ermöglichte. Diese Mobilität war auch deshalb vonnöten, weil die schwedische Armee mit insgesamt gut 61 000 Mann gar nicht so groß war. Das hatte sie schon im 17. Jahrhundert daran gehindert, in Polen größere Gebiete zu besetzen. Im Großen Nordischen Krieg bedeutete es letztendlich, dass Karl zwar in der Lage war, jedem Gegner einzeln gegenüberzutreten: August kommandierte 26 000 Sachsen und bis zu 24 000 Polen; Russland hatte anfangs im Westen etwa 30 000 Soldaten, Dänemark oder Brandenburg je etwas über 20 000 Mann. Aber Schweden konnte die gegnerischen Armeen nicht gleichzeitig, sondern höchstens nacheinander schlagen. Folglich stellte nicht die geografische Ausdehnung seines Reiches Karls eigentliches Problem dar, sondern die Vielzahl seiner Feinde.

Bedeutsamer als die Truppenstärke aber waren allemal deren Schlagkraft und Einsatzfähigkeit. Das hatte Schweden in den zurückliegenden Jahrzehnten mehr als einmal bewiesen, doch die Zeitgenossen schätzten die Armee trotzdem nicht: Die europäischen Fürstenhäuser setzten auf Berufssoldaten und Söldner, aber gerade die konnte sich das ver-

Ein Großteil der schwedischen Truppe wurde durch Konskription rekrutiert, das heißt von den einzelnen Landesteilen gestellt; bezahlte Söldner waren in der Unterzahl. Schwedischer Artillerist, Grenadier und Dragoner, um 1700. Farblithographie von Richard Knötel, Ende des 19. Jahrhunderts

gleichsweise arme Agrarland Schweden – ähnlich wie Russland – nur in sehr begrenztem Maße leisten. Lediglich 12 000 Söldner dienten in Karls Heer, meist als Besatzung der Festungen im Baltikum und in Pom-

Karl XI. (1655–1697) reformierte die Organisation des schwedischen Militärsystems. Gemälde von David Klöcker Ehrenstrahl, 1676

mern. Der Großteil seiner Truppe wurde durch Konskription rekrutiert. Die Schweden sprachen vom Einteilungswerk (*indelningsverket*) und meinten damit ein System, das die Regionen des Landes zur Stellung von je einem Regiment von etwa tausend Mann verpflichtete.

Diese Organisation ging wesentlich auf Karl XI. zurück, der damit die Kosten für die Staatskasse gering halten wollte: Die Entlohnung der Soldaten oblag den Provinzen, die sich wiederum in *Roten* gliederten – je zwei oder drei Güter mussten einen Mann versorgen, ihm ein bescheidenes Haus und Land für den Ackerbau zur Verfügung stellen; sie waren auch für Ersatz verantwortlich, falls der Rekrut fiel oder als Invalide zurückkehrte. Diese Art Garnisonsdienst war für die Monarchie also äußerst billig. Mit einem durchaus modernen Ansatz erlaubte man außerdem die Heirat der Soldaten. Das sollte ihre Moral heben, sie an Heimat und Familie binden und im Verbund mit den Kameraden aus der Umgebung der Desertion vorbeugen, die in den meisten Armeen der Zeit ein großes Problem war. In Verbindung mit der konfessionellen Homogenität und dem gelebten protestantischen Glauben erzeugte dieses System einen Zusammenhalt in der Truppe, der seinesgleichen suchte.

Tatsächlich trug das Einteilungswerk sogar zum gesellschaftlichen Frieden bei. Einerseits gefiel es den Adligen, denn ihr Besitz war davon ausgenommen, Soldaten zu stellen; die Kavallerie wurde lediglich auf den Krongütern rekrutiert, und die Einziehung und Verstaatlichung zahlreicher Lehen machte diese Waffengattung ziemlich schlagkräftig. Andererseits waren auch die Bauern nicht unzufrieden, denn sie durften Ersatzleute stellen und sich so vom Kriegsdienst freikaufen. Dienen mussten also vor allem Ärmere, aber sie erhielten so nicht nur ein Auskommen für sich und ihre Familie, sondern hatten überdies Teil am sozialen Prestige des Militärs. Die Bevölkerung gerade des hohen Nordens und des finnischen Reichsteils, dessen Landwirtschaft wenig ertragreich war, profitierte daher vom Einteilungswerk.

Schweden konnte auf diese Weise sechs Kavallerie- und 16 Infanterieregimenter für den Feldzug gegen Sachsen und Russland mobilisieren, Finnland zusätzlich drei der Kavallerie und acht der Infanterie. Ein Regiment bestand aus je zwei Bataillonen mit vier Kompanien von jeweils etwa 125 Mann, also zusammen 1000. Außerdem verfügte Karl XII. über ein Garderegiment, dessen drei Bataillone jeweils sechs statt vier Kompanien umfassten. Die restliche Armee war vor allem in Festungen stationiert. Bei der Invasion Dänemarks hatte sich dies als höchst effizientes System erwiesen, das eine schnelle Reaktion auf äußere Bedrohungen erlaubte. Es war für die Verteidigung und die kurzfristige Abwehr von Angreifern gedacht, nicht aber für ausgedehnte Feldzüge – im Unterschied zu den stehenden Heeren anderer europäischer Fürsten, deren Unterhalt stets anfiel und die deshalb sehr wohl dafür eingesetzt werden konnten und auch wurden.

Der über zwanzig Jahre dauernde Große Nordische Krieg deckte aber auch Schwächen der schwedischen Rekrutierungspraxis auf. Durch

Konskriptionsraten von zehn Prozent blutete das Land regelrecht aus, zumal immer neue Einberufungen stattfanden, um die stetig steigenden Verluste auszugleichen. Der Sollbestand des Heeres erhöhte sich zeitweise auf bis zu 115 000 Mann, was fünf Prozent der Bevölkerung entsprach. Es ist kaum überraschend, dass die Staatskasse nicht in der Lage war, so viele Menschen über einen längeren Zeitraum zu besolden – das Einteilungswerk war geschaffen worden, um einem territorial gesättigten, nicht expandierenden Staat in Friedenszeiten ein großes Heer mit niedrigen Ausgaben zu ermöglichen. Wenn sie zum Einsatz kam, musste die Truppe ganz wesentlich aus den Einkünften der besetzten Territorien bezahlt werden. Karl XII. forderte deshalb nachdrücklich Kontributionen ein und ließ im Staatsauftrag plündern.

Ein weiterer wichtiger Gesichtspunkt unterschied das schwedische Militär von dem seiner Gegner: Es war für Schlachten ausgelegt, die der Gegenseite maximalen Schaden zufügten, um so ein schnelles Ende des Krieges zu erzwingen. Im Optimalfall, so wie in Dänemark, reichte die Androhung des Gewaltpotenzials bereits aus. Andernfalls setzten Karl und seine Offiziere die Männer ohne Rücksicht auf eigene Verluste ein: Gefallene mussten nicht auf Kosten der schwedischen Staatskasse ersetzt werden, sondern von den Regionen und Gutsbesitzern. In Verbindung mit der hohen Moral und dem Zusammenhalt der Soldaten lag in dieser Radikalität eine entscheidende Ursache für die schwedischen Erfolge in der ersten Hälfte des Großen Nordischen Krieges.

Der aggressiven strategischen Ausrichtung, der auch die vielen Kavallerieregimenter dienten, entsprach die Bewaffnung der Soldaten. Sie unterschied sich in wesentlichen Dingen von der anderer europäischer Armeen: Jeder Infanterist führte ein Schwert mit sich, das er im Angriff nutzte. Es war den ansonsten üblichen Musketen mit ihren Bajonetten im Nahkampf überlegen und passte hervorragend zu einer Taktik, die Verluste in Kauf nahm, um entscheidende Siege erringen zu können: Anstatt auf Feuergefechte setzten Karl und seine Generale auf das direkte Aufeinandertreffen der Soldaten.

Ganz ähnlich sah es bei der Kavallerie aus. In Europa war der letzte taktische Schrei im Kampf mit anderen berittenen Einheiten das Karakolieren – die Männer stürmten mit ihren Pferden auf die gegnerischen Reiter zu, feuerten aus kurzer Entfernung ihre Pistolen und drehten dann ab. Wurde das Manöver von gut ausgebildeten Kavalleristen aus-

Die Blankwaffe spielte im Kampf eine herausragende Rolle. Kolorierte Kreidelithographie mit dem Titel *Karl XII. von Schweden stürmt die dänische Küste,* 1832

geführt, bot sich ein eindrucksvolles Schauspiel, das aber vergleichsweise wenig durchschlagkräftig war, schlicht weil die damaligen Pistolen selbst aus geringer Distanz – zumal wenn vom Pferderücken aus geschossen wurde – wenig Schaden anrichteten. Karl verringerte während des Krieges die Zahl seiner derart ausgestatteten Kürassiere deutlich. Stattdessen bevorzugte er Dragoner, die anstelle von Pistolen Musketen mit sich führten; zum Schießen mussten sie allerdings absitzen, sodass sie eher als eine Art berittene Infanterie dienten. Außerdem verzichteten die Schweden auf das Karakolieren und setzten auf den Angriff mit der Blankwaffe, der auf beiden Seiten zu deutlich höheren Verlusten führte.

Zu diesem Vorgehen passte der weitgehende Verzicht auf Artillerie. Die damaligen Kanonen mit relativ geringer Reichweite bei hohem Gewicht waren für den schnellen Vormarsch auf einem Schlachtfeld nicht geeignet und wurden von Karl daher kaum eingesetzt. Deshalb warb er Kanoniere als Söldner an und nutzte schwere Geschütze hauptsächlich bei Belagerungen. Dieser waffentechnische Pragmatismus setzte sich bei der Infanterie fort: In den Kompanien trug üblicherweise ein Drittel der Männer Piken – weniger für den Nahkampf als zur Abwehr von Kavallerieangriffen. Zum Austausch vieler veralteter Luntenschlossmusketen kam es erst im Laufe des Krieges, als mit diesen bereits eindrucksvolle Siege eingefahren worden waren. Pikanterweise ließ Karl 1703 auf der Leipziger Messe moderne Steinschlossmusketen im sächsischen Suhl ordern – sehr zum Ärger Augusts, dessen eigene Aufträge von seinen geschäftstüchtigen Untertanen einfach zurückgestellt wurden; freilich ließ er immer wieder Lieferungen für seinen Kriegsgegner beschlagnahmen.

Nicht zuletzt verweigerten sich die Schweden den mitteleuropäischen Konventionen hinsichtlich ihrer Uniformen, die so gar nicht der Barockmode entsprachen. Aber die blauen Wollmäntel mit gelbem Futter und Kupferknöpfen waren nicht nur kostengünstig und wenig prunkvoll, sondern vor allem warm und im Norden dementsprechend nützlich – genau wie die Zipfelmützen, die meist anstelle schicker Dreispitze auf den Köpfen saßen.

All dies entsprang weniger der Ablehnung der aktuellen Konventionen als vielmehr der nüchternen Einsicht in die eigenen Stärken und Schwächen. Und die Schweden nahmen die jüngsten militärischen

Entwicklungen auf dem Kontinent durchaus wahr: Zwar erfreute sich das Land seit 1679 weitgehend friedlicher Zeiten, aber gerade deshalb waren die Offiziere gezwungen, ihr Geld im Ausland zu verdienen und dort Erfahrungen zu sammeln. Der spätere Feldmarschall Carl Gustav Rehnskiöld (1651-1722) etwa diente in der niederländischen Armee – und kehrte wie viele seiner Kollegen bei Kriegsbeginn 1700 in die Heimat zurück: Wie die Soldaten selbst war auch das schwedische Offizierskorps loyal und homogen.

Die Armeen von Sachsen und Polen

Sachsen hatte den Großen Nordischen Krieg am 12. Februar 1700 eröffnet, als eine Armee von 14 000 Mann unter General Jacob von Flemming von Polen aus nach Livland einmarschierte, die Stadt Dünamünde eroberte und in Augustusburg umbenannte, woraufhin sie mit der Belagerung von Riga begann. Der König traf im Juni mit weiterer Verstärkung persönlich ein, überließ die eigentliche Kriegführung aber seinen Untergebenen. Zwar hatte er vor seiner Inthronisation in den Türkenkriegen 1695 selbst kaiserliche Truppen in Ungarn kommandiert, doch dabei keine entscheidenden Erfolge erzielen können. Als Kurfürst und König übernahm er nur gelegentlich den Befehl über einzelne Einheiten, sah sich selbst aber viel eher als Regent denn als Feldherr.

Ein Interesse am Militär, das sein wichtigstes außenpolitisches Instrument darstellte, hatte August gleichwohl. Er war Innovationen oder Reformen gegenüber aufgeschlossen und scheute für seine Soldaten keine Kosten. Das diente nebenbei der Repräsentation und entsprach ganz dem Stil dieses barocken Herrschers: Nachdem die Bekleidung der einzelnen Regimenter bis 1696 den jeweiligen Kommandeuren überlassen gewesen war, führte August einheitliche, prächtige Uniformen ein, nicht zuletzt als Ausdruck der wirtschaftlichen Stärke seines Kurfürstentums, denn das Einfärben der Stoffe verschlang viel Geld.

Ebenfalls in diesem Jahr – früher als in Schweden – begann die Umstellung von Lunten- auf Steinschlossmusketen, die in Suhl gefertigt wurden. Bis 1711 lieferten die dortigen Werkstätten über 80 000 Gewehre und 6000 Pistolen, die allerdings teilweise nach Polen weitergereicht wurden. Die Waffen zeichneten sich anders als heutige Fabrikate

August führte einheitliche, prächtige Uniformen ein – nicht zuletzt ein Zeichen wirtschaftlicher Stärke. Sächsische Truppen aus der Zeit des Großen Nordischen Krieges

durch ihr großes Kaliber von bis zu 18,8 Millimeter aus und töteten weniger durch die Geschwindigkeit ihrer Geschosse als vielmehr durch deren schiere Masse. Die Patronen waren aus Papier gefertigt, in dem das eigentliche Geschoss – jeder Infanterist führte, wie bei den Schweden, zwischen 24 und 36 Schuss mit sich – und das Pulver enthalten waren.

Die Soldaten setzten die Munition nach Bedarf selbst im Feld zusammen und erreichten dabei eine erstaunliche Produktivität: Allein im Juli 1702, kurz vor der Schlacht bei Kliszów, stellten sie fast 300 000 Patronen her. Damit war es jedoch nicht getan, denn vor dem Schuss mussten die Männer auf die Gewehrpfannen nochmals extra Pulver geben, das sie in kleinen Fläschchen mit sich führten.

Das sächsische Heer bestand aus klassischen Berufssoldaten, die größtenteils mit den althergebrachten Mitteln angeworben oder befreundeten Fürsten abgekauft wurden – üblicherweise ganze Regimenter, wobei der Preis je nach Mannschaftsstärke und Ausrüstung unterschiedlich ausfiel; diese Einheiten mussten dann für mehrere Jahre für Sachsen kämpfen. August hatte außerdem einige Söldner in seinen Diensten, die insbesondere aus der Schweiz und aus Frankreich stammten. Ihnen gestand man ihre eigenen Gebräuche und Gerichtsbarkeit zu, sie waren also nicht vollständig in das Heer integriert. Ein kleinerer Teil der Armee, die im Jahr 1700 insgesamt 26 500 Mann zählte, war im Kurfürstentum rekrutiert worden, aber dazu benötigte August die Zustimmung der Stände, die oft Widerstand leisteten: Ganz generell fiel es im prosperierenden Sachsen schwer, auf menschliche Arbeitskräfte zu verzichten. Doch wegen des ungünstig verlaufenden Krieges musste immer wieder auf diese unpopuläre Maßnahme zurückgegriffen werden, um die steigenden Verluste zumindest annähernd auszugleichen. Bis 1711 wurden so schätzungsweise 16 000 Mann neu in die Armee eingezogen. Der Anteil der Untertanen in der sächsischen Armee wuchs auf etwa 90 Prozent, damit blieb Sachsen kaum hinter Schweden zurück.

August setzte bei der Auswahl seiner Soldaten genauso auf westeuropäische Standards wie bei deren Bewaffnung. Den Zeitgenossen galt sein Heer als das modernste im Großen Nordischen Krieg, dank seiner vollständigen Ausrüstung mit Schusswaffen, seinen fortschrittlichen technischen Truppen, seiner starken Artillerie und dazu den Offizieren, die viel Erfahrung aus anderen Ländern und Konflikten mitbrachten. Aber Sachsen hatte bislang hauptsächlich als Juniorpartner Truppenkontingente für die Großmächte gestellt. Ein Krieg auf eigene Rechnung gegen einen starken Gegner war eine neue Herausforderung, der sich das Kurfürstentum kaum gewachsen zeigte – zumal es nach dem Ausscheiden Dänemarks aus der Allianz einige Jahre lang im Grunde genommen den Schweden allein gegenüberstand.

Erste Schwierigkeiten zeigten sich bereits unmittelbar beim Aufmarsch in Livland: Für den Transport der Geschütze gab es nicht genügend Pferde und Kutscher. Ganz ähnlich war es um die Logistik bestellt: Der Nachschub existierte zwar, konnte aber nicht zur Truppe geschickt werden. Jedes Mal, wenn wieder ein Feldzug anstand, mussten Helfer umständlich angeworben und Tiere erst beschafft werden, was nicht nur administrativen Aufwand bedeutete, sondern auch einige Verzögerungen mit sich brachte. Wenig planvoll war außerdem die Kommandostruktur der Artillerie, denn diese hatte man nicht in Batterien zusammengefasst oder Infanterieregimentern zugeordnet, sondern die einzelnen Geschütze den jeweiligen Stückführern überlassen.

Als wenig hilfreich erwies sich zudem die sächsische Kavallerie, die fast die Hälfte der Armee stellte. Sie gab sich elitär und trumpfte mit ihrer guten Ausbildung auf, konnte sich aber de facto gegen Schweden kaum durchsetzen. Das erwähnte Karakolieren, der Angriff ausschließlich mit Pistolen, beeindruckte die schwedische Reiterei nicht – sie drang mit dem Säbel auf die Sachsen ein und zwang sie zum Rückzug. 1709 gab August daher diese Taktik auf und instruierte seine Männer, nur noch die Blankwaffe zu nutzen. Doch dass Karl XII. kein Interesse daran zeigte, einen ressourcenschonenden Kabinettskrieg zentraleuropäischer Fürsten zu führen, bedeutete nicht zwangsläufig, dass die sächsischen Kürassiere nutzlos waren. Ganz im Gegenteil erwies sich ihre Mobilität in den Weiten Polens als großer Vorteil in den Jahren bis zum Frieden von Altranstädt 1706, gerade weil sie einer Konfrontation mit Schweden ausweichen konnten. Das entsprach dann doch wieder dem strategischen Kalkül Augusts, die Armee als Drohpotenzial statt in verlustreichen Entscheidungsschlachten einzusetzen.

Im Nachhinein ist es leicht, Augusts Idee eines Feldzugs gegen Schweden als absurd abzutun. Gemeinsam mit seinen beiden Verbündeten hatte er aus damaliger Sicht aber gute Chancen auf einen Sieg, und das schonungslose Vorgehen Karls war nicht zu erwarten gewesen. Der Kriegsverlauf zeigt jedoch, wie viel besser der König aus Stockholm die Schwächen und Stärken der unterschiedlichen Armeen einschätzte und auszunutzen verstand. Sachsen wusste zwar gut Bescheid über die Größe des schwedischen Heeres – tatsächlich überschätzte man diese in Dresden sogar – und hatte sich gerade vor diesem Hintergrund Bündnispartner gesucht. Doch zu seinen materiellen und organisatorischen

Defiziten traten personelle: Augusts Auswahl seiner Generale, denen er das Kommando überließ, war wenig überzeugend. Matthias Johann von der Schulenburg etwa hatte, bevor er 1702 in sächsische Dienste trat, für Braunschweig und Savoyen am Rhein und gegen die aufständischen Waldenser gekämpft, konnte sich jedoch auf das aggressive schwedische Vorgehen nur schwer einstellen. Das sächsische Offizierskorps hatte schlicht den falschen Erfahrungshintergrund für eine Auseinandersetzung, die sich so sehr von den auch räumlich begrenzten Kriegen Westeuropas unterschied.

Matthias Johann von der Schulenburg (1661–1747)

Aus Polen hätten geeignete Experten kommen können. Das Land war militärtheoretisch auf der Höhe, man rezipierte die entsprechenden Publikationen aus dem Westen, außerdem ermöglichten ausländische Kommandeure einen praktischen Wissenstransfer. Allerdings gewährte der Adel, der um seine Privilegien fürchtete und die Kontrolle über die Armee nicht aus den Händen geben wollte, ihnen nur begrenzten Spielraum. Zudem dienten die wenigsten Adligen wirklich lange in der Armee, viel Wissen ging deshalb wieder verloren – es gab eher kompetente Reservisten als professionelle Berufsmilitärs, die einen Wandel hätten anleiten können.

In Polen blieb der Wehrdienst auf den Adel, die *Szlachta*, beschränkt; im Kriegsfalle wurden diese Männer samt ihren Pferden einberufen. Sie

Zar Peter hatte seine Armee durchgreifend modernisiert, etwa mit einer Integration der Artillerie in den Heeresverbund, die ihresgleichen suchte. Die Flotte hatte eher unterstützenden Charakter. Sturm russischer Truppen auf die Festung Nöteburg am 11. Oktober 1702. Gemälde, 1846

blieben unter sich und verteidigten ihr Ideal der Gleichheit untereinander. Dementsprechend legten sie Wert auf eine einvernehmliche Führung auch in Konflikten und diskutierten Entscheidungen in lokalen Zusammenschlüssen. Ihr Dienst war auf höchstens 12 Monate am Stück beschränkt, und selbstverständlich kehrten die Adligen, von denen viele nur über geringen Besitz verfügten, auf ihre Ländereien zurück, falls die Entlohnung ausblieb.

Doch bei allen Beschränkungen, die der Adel im *Sejm* seinem König auch ansonsten auferlegte, verhinderte er Reformen nicht grundsätzlich: Er erlaubte neben einer königlichen Infanterietruppe die Formierung weiterer Einheiten, die größere Gutsbesitzer – auch die Kirche – sowie die Städte stellen mussten. Deren Zahl blieb indes gering. Noch

in den 1690er Jahren stammten lediglich fünf Prozent der polnischen Infanterie tatsächlich aus Polen, die Mehrzahl waren angeworbene Söldner. Von den insgesamt etwa 26 000 Mann des Heeres, die im Kriegsfall bereitstanden, waren rund zwei Drittel schwere Kavallerie, die immerhin gut für die Weiten des Ostens geeignet war.

Die russische Armee

Die Armee von Zar Peter war die große Unbekannte im Jahre 1700. Den Zeitgenossen galt sie als wenig leistungsfähig, aber die allerwenigsten Urteile waren tatsächlich auf eigene Anschauung oder gar eine Konfrontation mit den Soldaten des Zaren gegründet. Russland hatte im 17. Jahrhundert zwar mehrfach gegen Schweden und Polen gekämpft – mit wenig Erfolg –, sich aber gleichzeitig erfolgreich gegen die Osmanen und die Tataren in der Steppe verteidigt, ja, es hatte dort sogar umfassende Geländegewinne erzielen können. Auch die Kosaken der Ukraine, die mit ihren Aufständen und ihren hochmotivierten, freien Kriegern für alle Staaten der Region eine Bedrohung darstellten, konnten eingehegt und teilweise als Vasallen für die Grenzsicherung im Süden und Südwesten verpflichtet werden. Moskau versprach ihnen Protektion im Austausch gegen Gefolgschaft und sicherte dem jeweiligen Hetman – dem gewählten Anführer der Kosaken – relative Autonomie zu.

Russland hatte im 17. Jahrhundert eine sehr mobile Armee mit wenig Kanonen und Musketen, um den Pferden Lasten zu ersparen. Das erlaubte eine Expansion nach Osten und Süden, aber im Laufe der Zeit übernahmen die Kosaken immer mehr die Aufgaben der leichten Kavallerie. Als klassische Hilfstruppen ergänzten sie die regulären Verbände, deren Schwerpunkt bereits Peters Vorgänger in Richtung Infanterie verschoben hatte. Das war auch deshalb möglich, weil sich nach innerpolnischen Kosakenaufständen auf dem Gebiet der heutigen Ukraine im 17. Jahrhundert ein Machtvakuum auftat, in das Russland vorstoßen konnte.

Die russische Armee war schon vor Peters Reformen nicht rückständig gewesen: Sie war keine reine Bedarfstruppe, die nur im Kriegsfalle zusammenkam, denn es gab freiwillige Berufssoldaten, die das ganze Jahr über entlohnt wurden. Und in der Armee dienten ausländische Offiziere, die militärische Kompetenz aus dem Westen mitbrachten. In den 1680er Jahren stammte annähernd die Hälfte der Kavallerie-Obristen von dort, bei der Infanterie betrug ihr Anteil sogar 75 Prozent. Mehr als die Zaren vor ihm setzte Peter auf Russen, führte diese aber durch Verdienstbeförderungen langsam an die neuen Aufgaben heran. Gegen Ende seiner Herrschaft, in den 1720er Jahren, war die Anzahl der Ausländer in Kommandopositionen auf ein Drittel zurückgegangen.

Die zunehmende Transformation der Armee nach 1700 wurde erforderlich, weil Peter nach Westen – auf schwedische Kosten – expandieren wollte. Dafür musste er sein Heer neu ausrichten, und in mancherlei Hinsicht bedeutete das, die jüngsten Tendenzen seiner Ausrichtung an Westeuropa umzukehren. Paradoxerweise kristallisierte sich diese Überzeugung nach den ersten verlustreichen Begegnungen mit den Soldaten Karls XII. heraus. Peter folgte damit der russischen Tradition, militärische Strategien und Taktiken der Nachbarn zu übernehmen, ohne in eine theoretische Diskussion darüber einzutreten. Einen Verzicht auf jegliche Reflexion bedeutete das allerdings nicht, denn das gedankenlose Befolgen westeuropäischer Prinzipien ohne deren Anpassung an die eigenen Bedürfnisse hatte sich zu keiner Zeit bewährt. Peter wies beispielsweise einen Vorschlag seines Oberkommandierenden, des vom Kaiser in Wien abgeworbenen Feldmarschalls Georg von Ogilvy, ab: Eine kleinere, dafür professionelle Infanteriearmee wollte der Zar nicht.

Stattdessen erhöhte Peter ganz wesentlich die Anzahl seiner Dragonerregimenter. 1690 hatte es lediglich drei gegeben, knapp 20 Jahre später nahmen an der Schlacht von Poltawa 34 Dragonerregimenter teil, mit jeweils zehn Kompanien à 120 Mann. Die Ausbildung war kompliziert, weil die berittene Infanterie einerseits deren Taktiken beherrschen musste und andererseits auch als Kavallerie dienen sollte. Dementsprechend waren die Männer mit Gewehr, Bajonett und schwerem Säbel sowie Pistolen ausgestattet, aber ihnen fehlte der Harnisch der Kürassiere. Alles in allem waren es moderne, flexible Einheiten, die sich im Großen Nordischen Krieg bewähren sollten: Sie klärten auf, sicherten den Nachschub, belagerten feste Punkte und führten in den weiten Ebenen Osteuropas schnelle Vorstöße und ebensolche Rückzüge durch, was teilweise einer vormodernen Guerillataktik gleichkam. Aber die meisten Begegnungen mit dem Feind waren keine offenen Feldschlachten, sondern eben nur Gefechte.

Ursprünglich mussten die Rekruten ihre Pferde selbst stellen, aber diese waren oft von minderer Qualität, sodass der Staat viel Geld für den Kauf geeigneter Tiere zuschießen musste. Folglich war er gleich auf zwei Ebenen gefordert: Seine Einkünfte mussten in hinreichendem Maße gesteigert werden, und zugleich hatte er das mit etwa 12,5 Millionen Einwohnern vergleichsweise große Potenzial an Rekruten auszuschöpfen. Russland versuchte es deshalb mit Steuererhöhungen, etwa auf von Schreibern verfasste Briefe, auf Alkohol, aber auch Kopf- und Haushaltssteuern oder Zölle. Das erwies sich angesichts der Vielfalt an Abgaben lediglich teilweise als effektiv, ist jedoch angesichts der beschränkten und kaum zentralisierten Ressourcen eines armen Agrarlandes insgesamt durchaus als Erfolg zu bewerten. Eine halbwegs effiziente Bürokratie brauchte außerdem Register, um Rekruten zu erfassen. Peter setzte dabei auf Konskription, weil es schlicht zu wenige Bürger gab, die sich freiwillig hätten melden können – die große Masse der zarischen Untertanen bestand aus Leibeigenen.

Die russische Variante der Einberufungen erwies sich zunächst als recht unberechenbar und unsystematisch, weil statistische Informationen fehlten. Erst ab 1705 entwickelten sich administrative Routinen, nach denen 20 Haushalte jeweils einen Infanteristen und 80 einen Kavalleristen stellen sowie im Todesfalle ersetzen mussten. Das entsprach im Grundsatz der schwedischen Praxis, deren Vorbildwirkung auf die Armeen der am Großen Nordischen Krieg beteiligten Mächte kaum überschätzt werden kann. Der wesentliche Unterschied zum bewunderten Nachbarn lag freilich in der Loyalität der unfreien russischen Soldaten: Deren Desertionsraten lagen zwischen vier und 20 Prozent.

Trotzdem blieben Erfolge der Modernisierung nicht aus. Vor der Schlacht von Poltawa war die russische Armee auf 140 000 Soldaten gewachsen, die sich aber über ein großes Reich verteilten und keineswegs alle massenhaft eingesetzt werden konnten. Schätzungsweise 250 000 Mann wurden insgesamt unter Peter eingezogen, der zugleich die Infanterie-Ausbildung reformierte und so die Kampfkraft seiner Truppen merklich steigerte: Anders als bei der Kavallerie war gerade bei den Schützenlinien der Frühen Neuzeit formalisierte Disziplin von herausragender Bedeutung, und diese ließ sich selbst den einfachsten Bauern im wahrsten Sinne des Wortes einbläuen.

Eine genuin zufriedenstellende Qualität erreichte die Artillerie. Russland musste zwar noch bis 1712 Geschütze importieren, war zu-

Russische Truppen unter Zar Peter. Farblithographie von Richard Knötel, Ende des 19. Jahrhunderts

gleich aber in der Lage, selbst hochwertige Stücke zu gießen. Bedeutsamer war jedoch die Integration der Kanonen in den Heeresverbund, die in jener Zeit ihresgleichen suchte: Angesichts der Weiten des eigenen

Reiches mussten sie mobil und flexibel einsetzbar sein, weshalb es etwa ein Mörsermodell gab, das ohne Wagen lediglich auf dem Pferderücken transportiert werden konnte. Außerdem fasste Peter die Artillerie in eigene Batterien zusammen und löste sie so von der Infanterie, was ihre Durchschlagskraft wesentlich erhöhte.

Der Krieg gegen Schweden bedeutete für Russland eine Abwendung von Asien und der Steppe. Der Fokus von Peters territorialen Ambitionen lag eindeutig im Westen. Die Transformation seiner Armee war diesem Gedanken geschuldet und ist als Lernprozess zu verstehen. Gegen Ende des Großen Nordischen Krieges hatte Russland tatsächlich so etwas wie eine militärische Parität mit den europäischen Großmächten erreicht: Das Heer war staatlich gelenkt sowie zentral gesteuert und finanziert. Es war homogen und für seine harte Disziplin bekannt. Unterschiede zu den Heeren anderer europäischer Staaten bestanden vor allem im großen Anteil an Kavallerie, und mit Blick auf die Marine hatte die Flotte eher unterstützenden Charakter als den einer eigenen Teilstreitkraft.

Russlands Armee war also alles andere als rückständig – wobei sich sowieso die Frage stellt, was denn diesbezüglich Modernität bedeutete. Peters Triumph über Schweden und die russische Expansion an die Ostsee waren andererseits auch kein Resultat einer Orientierung am Westen – denn gerade dieses Verfahren hatte sich in den ersten Jahren nach 1700 als wenig erfolgreich erwiesen. Stattdessen richteten sich die Militärreformen Peters an den geopolitischen Notwendigkeiten der russischen Lage aus. Sie kombinierten die ersten Schritte in Richtung einer Staatsbürokratie mit nordeuropäischen Taktiken sowie Erfahrungen und Kenntnissen aus den Konflikten mit den Osmanen in Südosteuropa.

↗ »Wir massakrierten alles, was uns in die Quere kam, und es war ein gar zu schreckliches Massaker« – so eine Schilderung der Schlacht bei Narva am 30. November 1700 aus schwedischer Perspektive. Gemälde von Gustaf Cederström, 1905

4 Von Sieg zu Sieg: Schwedens Weg vom Baltikum nach Sachsen

Russland hatte Schweden am 20. August 1700 den Krieg erklärt – zwei Tage nach der dänischen Kapitulation. Die russischen Truppen rückten auf Narva vor, etwa 35 Kilometer von der Grenze entfernt. Als sie mit der Belagerung begannen, gaben die Sachsen ihre Belagerung von Riga schon wieder auf – sie hatten die falsche Artilleriemunition dabei und waren nicht in der Lage, den Schweden den Zugang von der See her zu verstellen, sodass keinerlei Aussicht auf Erfolg bestand. General Adam von Steinau übernahm den Oberbefehl über die sächsischen Truppen vom aus Livland stammenden Otto von Paykull. Er kommandierte fast 20 000 Mann, mit denen August allerdings keine Konfrontation gegen die Schweden wagen wollte. Die Sachsen begaben sich also in ihre Winterquartiere.

Das erlaubte Karl, sich ganz auf den Entsatz von Narva zu konzentrieren, das etwa 30 000 russische Soldaten Ende Oktober eingeschlos-

Die Schlacht von Narva am 19. November 1700

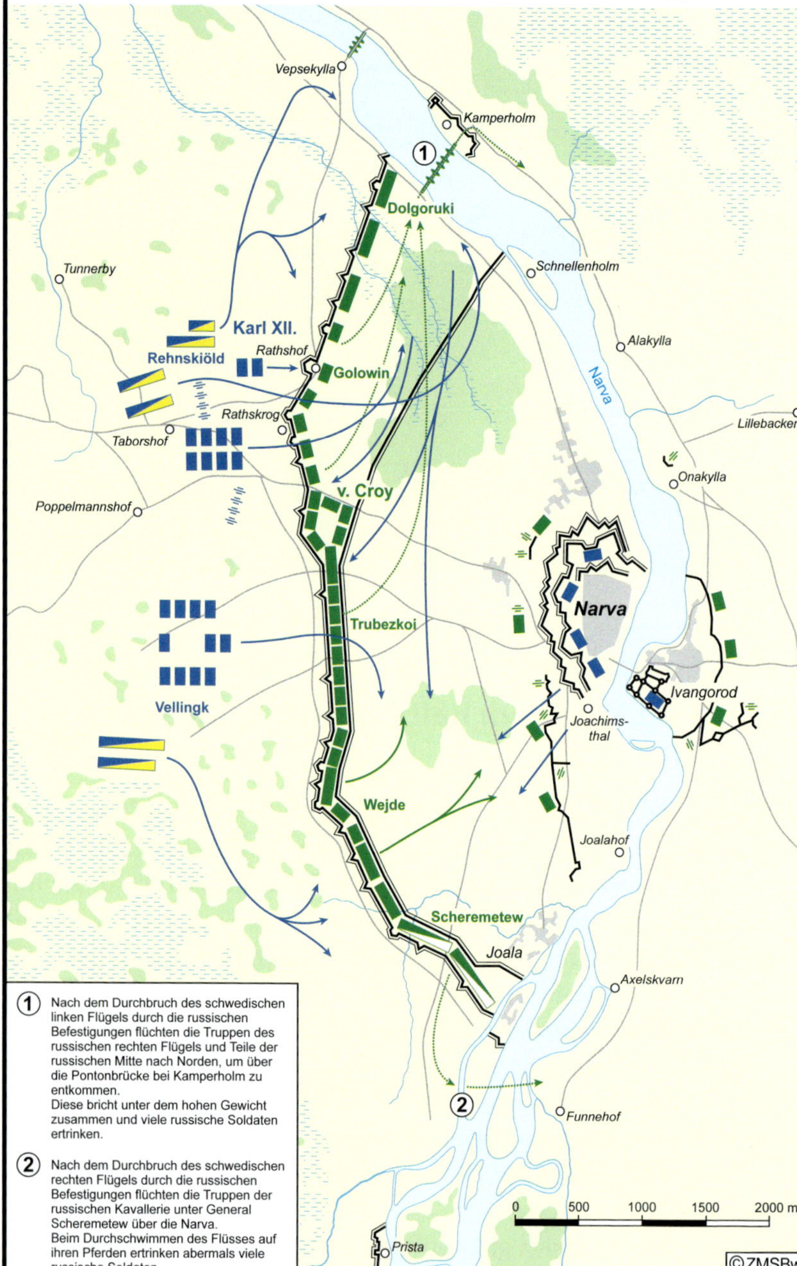

sen hatten. Allerdings wollte der schwedische König nicht erst alle seine Truppen langsam anlanden und dann im Frühjahr in die Offensive gehen. Stattdessen riskierte er am 30. November einen Frontalangriff gegen den zahlenmäßig mindestens dreifach überlegenen Feind. Was eigentlich ein Selbstmordkommando hätte sein müssen, erwies sich als durchschlagender Erfolg: Mit einem Schneesturm im Rücken stürmten die Schweden auf die Russen zu, die angesichts dieses Wetters und der Zahlenverhältnisse vollkommen überrascht waren. Die Kavallerie war gar nicht auf dem Schlachtfeld, die Artillerie unter den gegebenen Bedingungen nutzlos. Karls Leibtrabant Johan Stiernhöök, eine Art Leibwächter des Königs, beschrieb später das Resultat dieses Angriffs: »Wir massakrierten alles, was uns in die Quere kam, und es war ein gar zu schreckliches Massaker.«

Peter verlor an diesem Tag einen ganzen Artilleriezug mit 180 Kanonen sowie 20 000 Mann, über die Hälfte davon als Gefangene; weitere 6000 verhungerten auf dem Rückzug. Er begründete die Niederlage später mit der schlechten Ausbildung und mangelnden Erfahrung seiner Truppen. Jedoch hatte er zuvor immer wieder deren Qualität hervorgehoben, zumal es für die allermeisten Schweden ebenfalls die erste Schlacht war. Deren Sieg verdankte sich der brutalen Entschlossenheit Karls, der den Verlust von fast einem Viertel seiner Soldaten in Kauf nahm – rund 1000 Tote und nochmal so viele Verwundete. Aber nur so konnte er seinem Gegner eine Schlacht aufzwingen, auf die dieser nicht eingestellt war. Wie schon in Riga zeigte sich hier ein Muster, das den Großen Nordischen Krieg bestimmen sollte: die schlechte Vorbereitung der Belagerer, die mit ungeeigneten Truppen und unbrauchbarer Ausrüstung weniger ans Erobern als vielmehr an das Aushungern von Festungen dachten. Doch das galt nicht nur für Sachsen und Russland, sondern auch für Schweden, das 1709 in Poltawa ebenfalls als Belagerer von einem Entsatzheer geschlagen werden sollte.

Jenseits dessen wurde Aggressivität zum hervorstechenden Merkmal der schwedischen Kriegführung. Damit unterschied sich Karl diametral von August, der sich nach seinem Scheitern vor Riga eingestehen musste, dass es in diesem Konflikt keine leichten Siege mehr für ihn geben würde. Für ihn war ein Friedensschluss mit Rückkehr zum status quo ante bereits zum Jahresende 1700 wünschenswert – die militärische Außenpolitik hatte ihre Zeit gehabt, jedoch zu nichts geführt. Aber

Im Juli 1701 überquerten die Schweden unter Karl XII. trotz einer heftigen Kanonade die Düna. Zeitgenössische Darstellung

noch bestand ein Bündnis mit Peter I., den August im Februar 1701 in Kurland traf. Peter wollte weiterkämpfen, denn für ihn war der Zugang zur Ostsee essenziell. Um seinen Partner im Krieg zu halten, versprach er ihm jährlich zwei Millionen Taler für den Unterhalt von rund 50 000 Soldaten, und außerdem 15 000 russische Soldaten, die an der Seite der Sachsen kämpfen sollten.

Dennoch wies August Feldmarschall Steinau an, vor Riga bloß defensiv vorzugehen. Peters Zusagen waren hilfreich, aber ein Frieden schien ihm trotzdem verlockender. Karl jedoch suchte die Konfrontation, weshalb sich die Sachsen zurückzogen. Ausgerechnet an der Düna, deren Ufer die Sachsen sicher befestigt glaubten, griffen die Schweden im Juli 1701 an: Sie überquerten trotz ungünstigen Wetters und einer heftigen Kanonade den Fluss und trafen auf Truppen, die keine Schlachtordnung einnehmen konnten, weil sie den Gegner anderswo erwartet hatten. 2000 Tote, Verwundete und Gefangene waren die Folge, dazu der Verlust beinahe der ganzen Artillerie – gegenüber 500 Toten auf schwedischer Seite. Das war noch keine Katastrophe, wie sie die Russen in Narva ereilt hatte, aber doch ein weiterer Hinweis darauf, dass dieser Krieg keine leichten Erfolge bringen würde.

Umso ärgerlicher war für August, dass er auf die Zusagen Peters wenig geben konnte. Steinau plante trotz der Niederlage eine Offensive in Livland, für die er mit russischen Truppen rechnete. Diese trafen zwar ein, wollten allerdings nicht mit der Hauptarmee kämpfen, sondern lieber in Litauen an der Seite anderer Russen den schwedischen Vormarsch stören. Die Sachsen begaben sich daher auf einen langen Rückzug und marschierten in 15 Tagen etwa 800 Kilometer, von Kaunas bis nach Guben, wo sie ihre Winterquartiere einnahmen. Augusts Armee war auf rund 15 000 Mann zusammengeschmolzen, weswegen an eine erneute Offensive selbst im folgenden Frühjahr nicht zu denken war.

Umso nötiger erschien für die Defensive eine Unterstützung aus Polen, ein Drohpotenzial, das den Schweden den Preis für einen Waffengang verdeutlichen sollte. Doch Hilfe war nur zu erwarten, wenn es um die Verteidigung der Adelsrepublik ging, nicht für dynastische Eroberungskriege. Vor dem *Sejm* erklärte August deshalb, sein gesamtes Heer nur noch in Sachsen zu stationieren. Karl sollte in die Offensive gezwungen werden – und er ließ sich nicht lange bitten, denn es erschien ihm unerlässlich, die sächsisch-russische Allianz zu zerschlagen.

Schlacht bei Kliszów am 19. Juli 1702 (Phase 1)

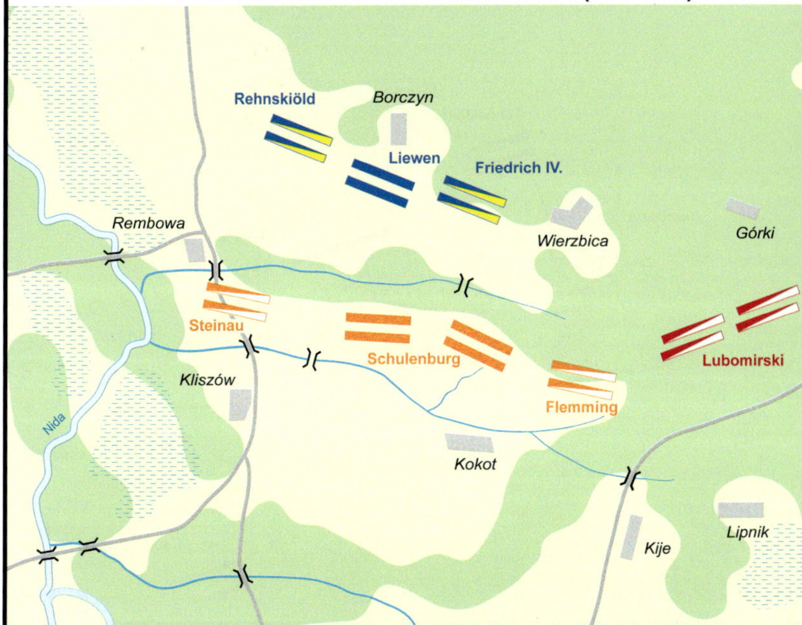

Schlacht bei Kliszów am 19. Juli 1702 (Phase 2)

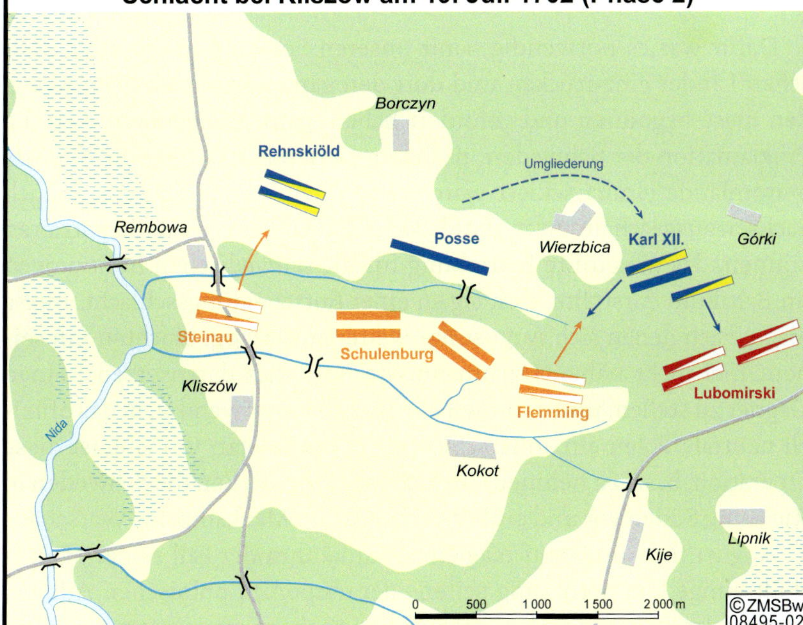

Schlacht bei Kliszów am 19. Juli 1702 (Phase 3)

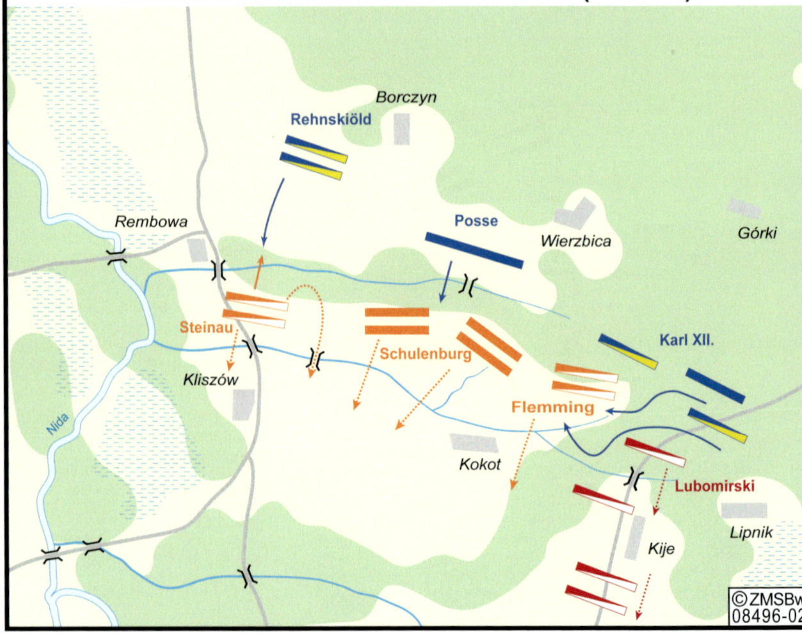

Dafür war es notwendig, »mit unseren Soldaten in die kursächsischen Länder einzurücken und dort den ganz unrechtmäßigen Krieg, den diese begonnen und gefördert haben, ganz zu beenden« – so die Proklamation der Schweden, nachdem sie 1706 tatsächlich in Augusts Stammlande einmarschiert waren. Erst wenn neben Dänemark auch Sachsen ausgeschaltet war, würde sich Karl auf Russland konzentrieren können, das die größte Bedrohung für die schwedischen Besitzungen im Baltikum darstellte. Ihm lag an einer Entscheidungsschlacht. Bloße Siege, nach denen sich August nur weiter zurückzog, brachten ihn seinem Ziel nicht näher. Darum musste Karl alles daransetzen, seinen Gegner zu stellen, und dafür wiederum war es notwendig, in das offiziell neutrale Polen einzumarschieren – nicht zuletzt, um August diese Operationsbasis zu nehmen: Im Frühjahr 1702 stießen die Schweden in Richtung Süden vor und eroberten bereits im Mai kampflos Warschau.

August musste darauf reagieren, zumal ihm der Fall seiner Hauptstadt einige Unterstützung seitens der empörten polnischen Adligen brachte. Im Juli 1702 trafen etwa 14 000 Sachsen gemeinsam mit rund

8000 polnischen Reitern in Kliszów, ungefähr auf halbem Weg zwischen Warschau und Krakau, auf 12 000 Schweden. Johann von der Schulenburg, der sächsische Kommandant, hatte für seine Truppen eine vorteilhafte Aufstellung gefunden. Sie waren zunächst in der Lage, die schwedischen Angriffe zu kontern, aber gerade die Gegenstöße der so hoch gehandelten Reiterei verpufften, weil sich die Schweden durch Karakolieren nicht beeindrucken ließen. Weitgehend wirkungslos war außerdem das Feuer der sächsischen Artillerie, sodass Karl mit seinen Truppen auf den Flügeln zur Umfassung ansetzte. Die sächsische Infanterie im Zentrum, die bis dahin dem Gegner standgehalten hatte, musste sich zurückziehen.

Nun zeigte sich die Professionalität Schulenburgs, der sich lehrbuchgetreu vom Feind absetzte und so ein größeres sächsisches Desaster verhinderte. Die Verluste fielen mit 2000 Toten und Verwundeten sowie weiteren 1500 Gefangenen glimpflich aus; aber das Gleiche galt für die schwedische Gegenseite, die lediglich 300 Tote und 800 Verwundete zu beklagen hatte – selbst wenn sich mit dem Herzog Friedrich von Schleswig-Holstein-Gottorf Karls Schwager unter den Toten befand. August trauerte vor allem um den Verlust seines Feldgepäcks und seiner Kriegskasse, außerdem musste er einmal mehr seine zwischenzeitlich wieder auf 48 Kanonen angewachsene Artillerie zurücklassen.

Die Schlacht hatte schonungslos die schwedische Überlegenheit gezeigt, die weitere Begegnungen im Großen Nordischen Krieg immer wieder bestätigten. Das schien zunächst überraschend, setzten die Sachsen doch die damals als ideal geltende Taktik einer Aufstellung der Soldaten in Schützenreihen mustergültig um. Mehr noch: Sie verschanzten sich professionell hinter Holzbarrieren – die ihnen viel Platz zum Manövrieren nahmen – und waren so in der Lage, den heranmarschierenden Feind mit einem Kugelhagel zu überziehen. Das war in der Tat für eine frontal angreifende Kavallerie vernichtend – weil ein Pferd eine große Trefferfläche bot und stürzende Reiter für die nachfolgenden Husaren oder Dragoner zum Hindernis wurden. Deren Attacken ließen sich auf diese Weise mindestens so wirkungsvoll stoppen wie durch schwedische Pikeniere und Lanzen.

Gegen die Infanterie jedoch erwies sich Musketenfeuer als viel weniger wirksam. Auf Entfernungen über 150 Meter war sowieso kaum mit Treffern zu rechnen, sodass die Lehrbücher üblicherweise einen ersten

Schuss aus 100 Meter Distanz vorsahen. Angesichts des gewaltigen Rückstoßes wurden die Kolben gegen die Brust gepresst, damit es nicht zu ausgekugelten Schultern kam. Die erste Salve entfaltete die durchschlagendste Wirkung, danach erschwerte deren Rauch die Sicht, und im Lärm gingen die Kommandos der Offiziere unter. Gut trainierte Soldaten luden ihr Gewehr trotzdem in 30 Sekunden nach, während gleichzeitig der Gegner auf sie zumarschierte. Etwa drei bis vier Schuss waren möglich, bis der Feind vor einem stand – je nachdem, wie oft dieser selbst gefeuert hatte.

Die psychische Belastung für die Soldaten war enorm, weshalb Drill und Disziplin von entscheidender Bedeutung waren, um Panik vorzubeugen. Darin lag die besondere Stärke der Schweden, die sie in Kliszów mustergültig unter Beweis stellten: Im Vormarsch überwanden sie einen Sumpf, erklommen eine Anhöhe und kletterten über »Spanische Reiter«, um dann mit gezogenem Schwert auf die Sachsen loszugehen, die angesichts dieser Mutdemonstration nur noch an Flucht dachten. All das geschah mit musikalischer Begleitung, denn jede Einheit hatte ihre eigenen Trommler, Trompeter oder andere Musiker dabei, die den Marschrhythmus vorgaben, zum Angriff bliesen und die Moral der Truppe heben sollten. Weil das nicht einheitlich für die ganze Armee geschah, sondern sich an den jeweiligen Bedürfnissen der Bataillone orientierte, schallten die verschiedensten Melodien über das Schlachtfeld.

Gerade wenn vor dem eigentlichen Aufeinandertreffen die langen Linien angeordnet werden mussten und erste Manöver stattfanden – deren korrekte Durchführung die wesentliche Kompetenz der Offiziere darstellte, weil nur eine planmäßige Aufstellung eine optimale Kraftentfaltung, einen Durchstoß durch die gegnerischen Reihen oder deren Umgehung erlaubten –, entfaltete sich ein prachtvolles, stundenlanges Schauspiel mit farbigen Uniformen und Musik, das meist einige Zuschauer anlockte: Bis weit ins 19. Jahrhundert war die sprichwörtliche Schlachtenbummelei ein weitverbreitetes Phänomen.

Im darauffolgenden, chaotischen Aufeinanderprallen der Truppen half es wenig, ein erfahrener Veteran zu sein, zumal selbst langgediente Soldaten kaum mehr als drei oder vier tatsächliche Schlachten erlebten. Bedeutsamer schienen die Gebete, die alle Armeen vor dem Kampf sprachen – man begab sich in Gottes Hand. Und man war zugleich den Offizieren ausgeliefert, die hinter den eigenen Linien standen und

Schlacht von Poltawa. Gemälde von Ivan Vladimirov. Musketenfeuer wirkte nicht zuletzt psychologisch.

»Feiglinge«, die dem Druck nicht standhielten und umdrehten, mit dem Säbel niederstrecken sollten. Es war die Androhung einer direkten Todesstrafe, die über Zurückweichende auch immer wieder in kollektiven Kriegsgerichtsverfahren verhängt wurde.

Andererseits mussten die Offiziere im Angriff mit gutem Beispiel vorangehen: In der schwedischen Armee war es üblich, dass selbst die Regimentskommandeure im Rang eines Obersten direkt in der ersten Linie vormarschierten und genau wie ihre Männer von den gegnerischen Salven getroffen wurden. Ihre Überlebenschancen standen allein deshalb besser, weil sie als Gefangene freigekauft werden konnten und darum eine wertvolle Beute darstellten. Und hinter den eigenen Linien standen ihre Diener mit Pferden bereit, die ihnen bei einer einfachen Verwundung helfen bzw. den Rückzug erleichtern konnten. Ganz generell jedoch stärkte das Führen durch Beispiel die Moral der Soldaten, die sich ansonsten um die Fahne ihrer Einheit versammelten, die ihnen im Gemetzel der Schlacht als Orientierung diente. Sie zu verlieren war schmachvoll, genauso wie die Eroberung einer gegnerischen Standarte Ruhm versprach.

Die schwedischen Strategen sahen genau eine Salve pro Angriff vor – Feuergefechte waren schlicht ineffizient. Die Infanterie legte die letzten 800 Meter des Angriffs in ca. neun Minuten zurück: Die ersten 600 Meter mit 100 Schritt (75 Meter) pro Minute, die restlichen 200 Meter, wenn das Feuer von Musketen und Artillerie wirklich furchtbar wurde, im Laufschritt in einer guten Minute. In diesem Zeitraum sollten die Angreifer ihren einzigen Schuss aus rund 70 Meter Entfernung abgeben, aber bis zur Schlacht von Poltawa schrumpfte diese Distanz um zwei Drittel. Dennoch war Musketenfeuer nur selten tödlich: Spätere Untersuchungen ergaben, dass nur etwa einer von 300 Schuss überhaupt ein Ziel traf. Der wesentliche Zweck des Schießens war psychologischer Natur, selbst wenn die Zeitgenossen das nicht reflektierten: Es ging darum, die Angreifer in Angst zu versetzen und gleichzeitig die eigenen Soldaten zu beschäftigen – sie vom Nachdenken über den möglichen eigenen Tod abzuhalten. Ob Angreifer oder Verteidiger es leichter hatten, lässt sich schwer sagen. Vieles hing von der Disziplin der Soldaten und ihren Anführern ab. In den ersten Jahren des Großen Nordischen Krieges lag der Vorteil eindeutig bei den angreifenden Schweden.

Weil Karl aber bei aller militärischen Überlegenheit personell nicht in der Lage war, an zwei Fronten gleichzeitig zu siegen, eröffneten sich im Baltikum für Peter genau die Möglichkeiten, für die er überhaupt die Konfrontation gesucht hatte. 1703 eroberte er Ingermanland und gründete dort Sankt Petersburg. 1705 fielen Dorpat und endlich auch Narva und die benachbarte Festung Ivangorod, während es Karl nach wie vor nicht gelang, August zur Kapitulation zu zwingen. Es war eine Situation, vor der 1703 bereits der schwedische Gesandte in Den Haag, Nils

Sankt Petersburg, 1703 gegründet, stand symbolisch für den Drang des Zaren nach Westen. Reliefdarstellung zum Gedenken an die Stadtgründung, 1723

Eosander, gewarnt hatte: »Wenn Eure Majestät ganz Polen gewönne, wäre trotzdem mehr verloren als gewonnen, wenn Russland dadurch seine Ziele erreichte.« Es steht auf einem anderen Blatt, dass die Gebiete, die Peter tatsächlich eroberte, kaum mehr die prosperierenden Hafenstädte wie vor dem Krieg waren. 1715 schrieb ein hannoverscher Diplomat: »In Estland hat der Krieg wenige Dörfer übriggelassen. Das Land ist wegen des Menschenmangels nur zu einem Viertel bewohnt und man kann noch sehen, was für eine große Menge Häuser durch die Flamme des Krieges verzehrt wurde.«

Allerdings hatte Karl kaum eine andere Option, als nach Polen zu ziehen. Die Verfolgung der Russen hätte nach dem überwältigenden Sieg in Narva wenig Sinn ergeben, weil die sächsische Armee zu diesem Zeitpunkt die größere Bedrohung darstellte. Außerdem gab es in Polen, im Unterschied zu den eigenen Provinzen im Baltikum, immerhin Pro-

Züge Karls XII. in Dänemark und Polen 1700 – 1707

Bei Thorn (Toruń) gingen schwedische Truppen mit äußerster Brutalität auch gegen die Zivilbevölkerung vor. Darstellung der Belagerung durch einen unbekannten Künstler, nach 1703

viant und bequeme Winterquartiere. Und nicht zuletzt stellte der Vormarsch eine direkte Bedrohung für Augusts keineswegs unumstrittene Herrschaft in der Adelsrepublik dar, was Karl dort wiederum neue Bündnispartner einbringen konnte.

Die schwedischen Erfolge blieben nicht aus. Im Oktober 1703 kapitulierte die belagerte Stadt Thorn mit ihren enormen Beständen an Waffen, in der sich zudem 6000 sächsische Soldaten aufhielten – es war ein größerer Verlust als in den bisherigen Schlachten. Zuvor war ein Entlastungsangriff abgeblasen worden, weil Adam von Steinau mit seinem einmal mehr zahlenmäßig überlegenen Heer nicht gegen Karls Hauptstreitmacht antreten wollte. Letzterer hatte währenddessen zusätzlichen Rückhalt organisiert und seit Juli 1703 einen Teil des polnischen Adels hinter sich versammelt. Die Adelsrepublik erwies sich als so gespalten, dass mindestens ab 1704 von einem Bürger- oder besser Adelskrieg im Lande gesprochen werden muss. Es waren insbesondere Ver-

treter des Hochadels, Magnaten aus dem westlichen Großpolen um die Stadt Posen sowie aus den östlichen Landesteilen in der heutigen Ukraine, die sich Karl anschlossen. Gerade Letztere hofften, in einem Krieg mit Russland ihre im 17. Jahrhundert verlorenen Besitzungen zurückgewinnen zu können.

Die Magnaten aus Litauen wiederum, die unter der schwedischen Invasion gelitten hatten, hielten zu August, der sich bei einem *Sejm* im Sommer 1703 des Rückhalts insbesondere des niederen Adels versichern konnte. Nun rächte sich Karls brutales Vorgehen bei Thorn, das er seinem Feldmarschall Rehnskiöld als Beispiel empfohlen hatte:

> Die Einwohner im Lande, die Ihr fangen könnt und bei denen der geringste Verdacht besteht, dass sie etwas Unrechtes getan haben, müssen sofort auf halben Beweis hin gehängt werden, so dass Furcht entsteht und sie wissen, dass auch das Kind in der Wiege nicht ge-

schont wird. [...] Dann ist es am besten, dass Ihr rundumher verheert, sengt und brennt und das Land in einem weiten Umkreis vollkommen öde macht, so dass keiner Euch gefährlich werden kann. Von hier ist nichts besonders Wichtiges zu berichten, außer dass es uns gut geht und wir auch jeden Ort niederbrennen lassen, wo sich der Feind sehen lässt. Neulich habe ich eine ganze Stadt eingeäschert und die Bürger aufgehängt.

1704 war der Kampf um die polnische Krone voll entbrannt; es kam zur offenen Rebellion. August ließ daraufhin Jakub und Konstanty Sobieski entführen, die Söhne seines größten Rivalen, die Karls Favoriten für den Thron waren. Der entschied sich stattdessen für Stanisław Leszczyński, den Posener Wojwoden. Der junge, gebildete und kultivierte Leszczyński sollte sich in vielerlei Hinsicht als Gegenpol zu Karl und August erweisen, als Mann des Friedens und der Diplomatie, aber gerade deshalb ging er nicht als fähiger Politiker oder kompetenter Heerführer in die Geschichte ein, sondern als schwedische Marionette.

Die zu August stehende Konföderation von Sandomierz erklärte Schweden kurz darauf den Krieg und trat in ein offizielles Bündnis mit Russland ein, das zudem bei der Niederschlagung eines seit 1702 im Osten der Adelsrepublik tobenden Kosakenaufstands half. Im Verlauf dieses innerpolnischen Krieges sollten zeitweise bis zu 100 000 Polen auf beiden Seiten kämpfen – sie waren bekannt dafür, vor allem gegeneinander anzutreten, sonst aber kaum hilfreich zu sein. Mehr Polen starben bei diesen Bruderfehden als im eigentlichen Konflikt.

Zunächst aber, im November 1704, brachte ein Gefecht bei Punitz ausnahmsweise keinen schwedischen Sieg, sondern ein Unentschieden, denn die Verluste lagen mit jeweils 250 Mann etwa gleich hoch, und am Ende feierten sich die Sachsen als Gewinner, weil ihnen ein geordneter Rückzug über die Oder gelungen war. Es blieb allerdings eine unbedeutende Begegnung, gerade angesichts des desolaten Zustands von Augusts Armee: Notwendig war, in den Worten Schulenburgs, »den armen, ermüdeten und ausgemergelten Leuten wieder Schuhe, Strümpfe und Hemden zu verpassen und sie so zu verpflegen, dass sie bald wieder zu Kräften kommen.«

Diese erschöpften Soldaten waren trotz allem noch in der Lage, die Schweden vor Probleme zu stellen, denn Karl fehlten die nötigen Män-

Stanisław Leszczyński (1677–1766), der von den Schweden zum polnischen Gegenkönig gemacht wurde. Gemälde von Antoine Pesne

ner, um ganz Polen zu besetzen. Die Schweden sahen sich am 31. Juli 1705 gezwungen, bei Warschau eine weitere Schlacht zu schlagen, auf den vor den Stadtmauern gelegenen Feldern von Rakowiec. Sie brachte das übliche Ergebnis, die Niederlage eines zahlenmäßig weit überlegenen sächsischen Heeres. Otto von Paykull kommandierte rund 3500 eigene und weitere 6000 polnisch-litauische Reiter, denen lediglich 2000 schwedische Kavalleristen unter Carl Nieroth gegenüberstanden.

Der Kampf der Kavallerie folgte einer anderen Logik als eine Infanterieschlacht. Die Reiter bildeten üblicherweise Keile von mehreren hundert Mann, die Knie an Knie auf den Gegner zutrabten und bei der Annäherung in den Galopp übergingen. Mit gezogenem Schwert prallten die Kürassiere und Husaren im wahrsten Sinne des Wortes aufeinander. Es ergab sich ein kurzes, intensives Handgemenge, woraufhin die unterlegene Partei kehrtmachte, um sich neu zu formieren – sie wurde geworfen. Auf diese Weise konnte es zu mehreren Aufeinandertreffen

Schlacht bei Fraustadt am 13. Februar 1706 (Phase 1)

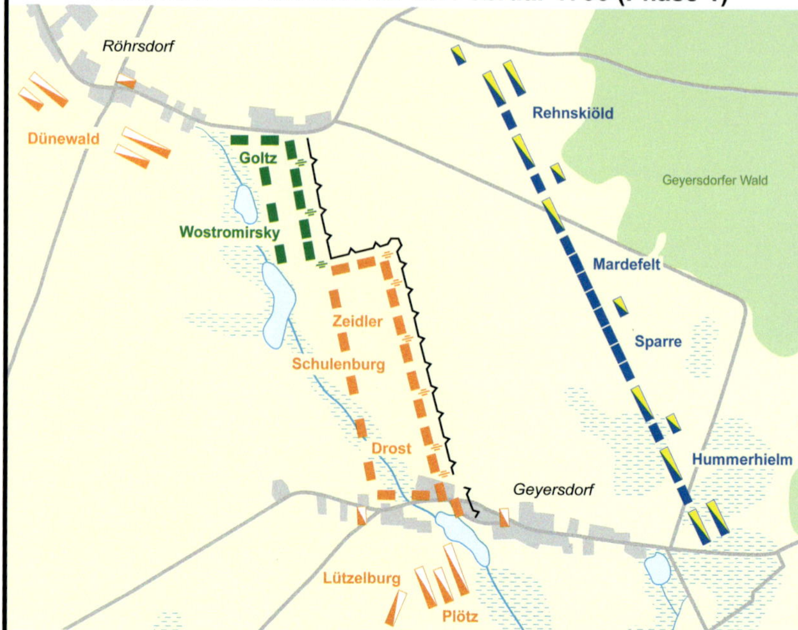

Schlacht bei Fraustadt am 13. Februar 1706 (Phase 2)

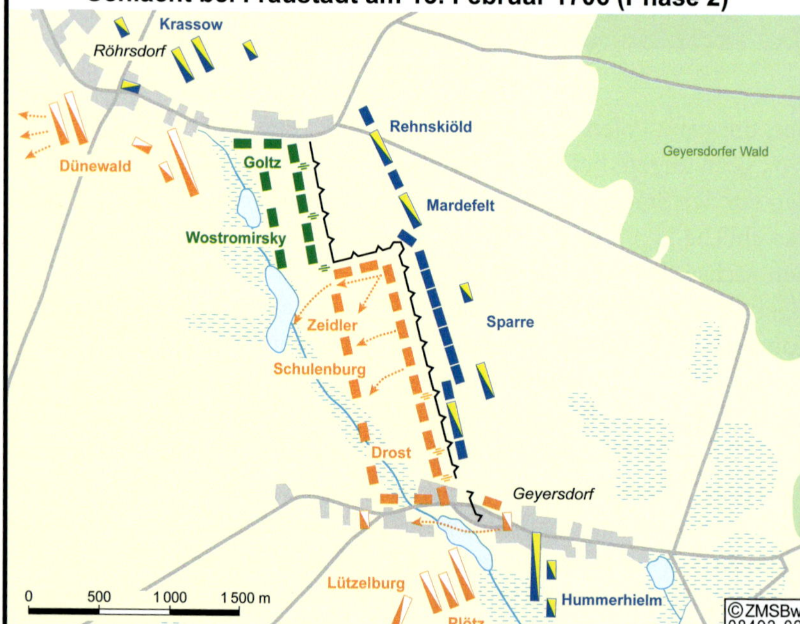

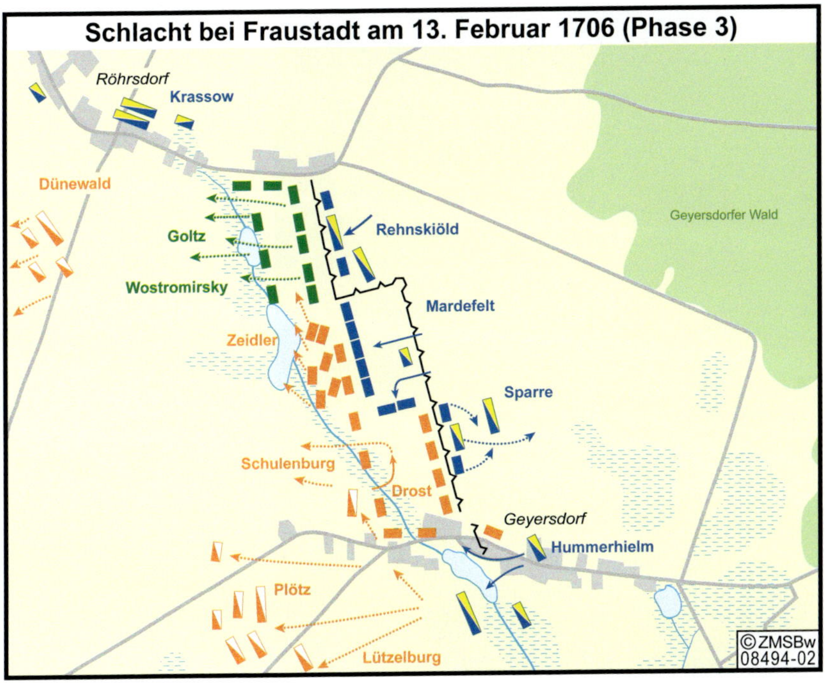

kommen, bei denen eine größere Distanz zurückgelegt wurde, bis eine der beiden Parteien entweder zu schwach für einen weiteren Waffengang war oder ihr das Gelände den Rückzug vereitelte.

Von entscheidender Bedeutung waren einerseits der Wille zum tatsächlichen Ineinanderreiten der Kavallerieformationen und andererseits die schiere kinetische Energie, mit der dies stattfand: Verluste brachten längst nicht nur die Waffen, sondern auch die Wucht des Aufpralls, die zu Stürzen und Knochenbrüchen führte. Wer dann umkehren musste, konnte seine Verwundeten nicht mitnehmen. Tote und Verletzte gab es bei all dem natürlich nicht nur unter den Reitern, sondern auch bei den Pferden, weshalb die Offiziere üblicherweise Reservetiere dabeihatten – je nach Rang oft sogar mehrere, deren Zügel ihnen von ihren auf dem Schlachtfeld anwesenden Dienern angereicht wurden.

Die aggressivere schwedische Taktik war durchschlagend und führte dazu, dass die Sachsen im Verlaufe des Krieges ihr Karakolieren aufgaben. Das bloße Feuern von wenig treffsicheren Pistolen, verbunden mit einem Abdrehen der Reiterformationen vor dem eigentlichen Aufprall,

Alexander Danilowitsch Menschikow (1673–1729), russischer Staatsmann und General. Gemälde eines unbekannten Künstlers, um 1710/1720

vermied zwar größere Verluste auf beiden Seiten und entsprach einer Kriegslogik, die insbesondere die Kassen der Fürstenkabinette schonte. Eine solche Vorgehensweise mochte elegant sein und die moderneren Waffen nutzen, richtete aber gegen einen entschlossenen Gegner, der sich derartigen Konventionen verweigerte, wenig aus. So geschah es auch in Rakowiec: Nach sechs Stunden waren 40 Prozent des sächsischen Korps tot oder verwundet und fast alle polnisch-litauischen Husaren geflohen; die Schweden hatten lediglich 150 Tote und ebenso viele Verwundete zu beklagen. Paykull begab sich in Gefangenschaft und wurde zwei Jahre später in Stockholm als Verräter hingerichtet.

Der Sieg erlaubte Karls polnischen Unterstützern, einen eigenen *Sejm* in Warschau abzuhalten, auf dem Stanisław Leszczyński zum König gekrönt wurde. Seine Gefolgschaft hatte gehofft, dass Schweden ihrer Heimat Ruhe bringen würde. Schnell mussten sie ihren Irrtum einsehen, denn zu beobachten war das genaue Gegenteil: Die kriegführenden Parteien zerstörten wechselseitig den Besitz gegnerischer Anhänger.

Der schwedische Feldmarschall Carl Gustaf Rehnskiöld (1651–1722). Gemälde, Nationalmuseum Stockholm

Am 26. November 1705 kam es zu einem demütigenden Friedensvertrag: Polen wurde zum Vasallen Schwedens und durfte keine eigene Außenpolitik mehr machen. Allerorten war die Enttäuschung darüber groß, zumal es Leszczyński nicht einmal schaffte, für seine Anhänger Ausnahmen von nun erhobenen Steuern und zu leistenden Kontributionen zu erreichen.

Nun war Karl endlich in der Lage, nach Sachsen vorzudringen. Sein Weg dorthin brachte Matthias von der Schulenburg in Fraustadt, dem polnischen Wschowa, eine vernichtende Niederlage ein. Nach nur zwei Stunden Kampf waren 7500 sächsische sowie mit ihnen verbündete russische Soldaten tot oder verwundet und noch einmal so viele gefangen. 11 000 Schweden unter Carl Rehnskiöld hatten ohne jegliche Artillerieunterstützung ihre 20 000 Gegner einmal mehr höchst aggressiv bedrängt und damit Schrecken ausgelöst. In den Worten eines sächsischen Generals: »So hat die Infanterie Gewehre und Patronentaschen weggeworfen und ist Hals über Kopf über die Zäune des Dorfes, in wel-

Raum im Schloss Altranstädt bei Leipzig. Hier wurde am 24. September 1706 der Frieden zu Altranstädt zwischen Karl XII. und August dem Starken geschlossen.

ches die Kavallerie kam, gesprungen, und hat sich auf den Feldern zerstreut.«

Die schwedischen Verluste waren mit etwa 400 Toten und 1200 Verwundeten wenig gravierend. Dass es auf der Gegenseite so anders aussah, war nicht nur der Niederlage geschuldet, sondern auch dem brutalen Vorgehen der Schweden gegen die gefangenen Russen. Ein schwedischer Unteroffizier beschreibt es so: »Seine Exzellenz Herr General Rehnskiöld ließ sofort einen Kreis von Dragonern, Kavallerie und Infanterie bilden, in dem sich die überlebenden Russen, an die 500 Mann, sammeln mussten, worauf sie sofort ohne Gnade in dem Kreis erschossen und erstochen wurden, so dass sie wie das Schlachtvieh übereinander herfielen.«

Nach Fraustadt marschierten die Schweden in Sachsen ein und besetzten das Land, das ihnen sechs Jahre lang hinhaltenden Widerstand geleistet hatte. August, der selbst bei seinen verbliebenen Truppen im Westen Polens weilte, wies seine Diplomaten an, Frieden zu schließen. Sie unterschrieben am 24. September 1706 in Schloss Altranstädt bei

Leipzig die Kapitulationserklärung, die unter anderem Augusts Abdankung als polnischer König vorsah. Der wiederum fand diese Bedingung unannehmbar und weigerte sich zunächst, das Abkommen zu ratifizieren, auch weil er sich schwer damit tat, seinem russischen Verbündeten das Ausscheren aus der Allianz zu beichten.

So kam es am 29. Oktober 1706 zur Schlacht von Kalisz, in der 5000 schwedische Infanteristen und 10 000 polnische Husaren auf 8000 Sachsen, 10 000 Polen sowie 11 000 Russen trafen. August hatte den schwedischen Kommandeur Arvid Mardefelt nicht zum Rückzug überreden können und musste nun, weil vor allem Alexander Menschikow als General der russischen Truppen darauf drängte, die Initiative ergreifen. Und diesmal sollte sich die zahlenmäßige Überlegenheit auszahlen: Die Polen auf schwedischer Seite zogen sich schnell zurück, und auch die Schweden selbst mussten nach längerem Widerstand schließlich kapitulieren.

Auf beiden Seiten waren mehrere hundert Mann gefallen. Mardefelt und 2000 Soldaten begaben sich in Gefangenschaft. Da August nun seine Verbündeten wie seine Gegner milde stimmen musste, überließ er Menschikow die Beute. Die Gefangenen kamen bald frei, und gegenüber Karl erklärte August, der polnisch-russische Druck sei zu groß gewesen. Daher feierte er zwar einerseits in Warschau seinen Sieg, der ihm viel Rückhalt verschaffte und zahlreiche Anhänger Leszczyńskis zum Seitenwechsel veranlasste, eilte danach aber trotzdem nach Sachsen, wo er im Januar 1707 den Friedensvertrag anerkannte: Selbst wenn es in Polen nach Kalisz keine schwedische Armee mehr gab, lag August mehr an seinem Stammland Sachsen als der Adelsrepublik. Sein einziger nennenswerter Triumph im Großen Nordischen Krieg blieb letztlich bedeutungslos.

Andererseits bedeutete die Kapitulation Augusts keine vollständige Vernichtung seiner Herrschaft. Ganz im Gegenteil blieb das Kurfürstentum – trotz hoher Kontributionen an Schweden – handlungsfähig, und Augusts Chancen auf eine Rückkehr auf den polnischen Thron blieben erhalten. Im Unterschied zu Karl hatte August nicht *va banque* gespielt und alles riskiert, sondern einen nach dem Scheitern vor Riga aus seiner Perspektive vollkommen unnützen Krieg gegen einen überlegenen Feind hinhaltend geführt. Die eigenen politischen, militärischen und finanziellen Ressourcen hatte er nur vorübergehend erschöpft.

➚ John Churchill (1650–1722), Herzog von Marlborough und Kommandeur einer englisch-niederländisch-habsburgischen Koalition, zu Besuch bei Karl XII. Er wollte den schwedischen König von einer Einmischung in den Spanischen Erbfolgekrieg abhalten.

5 Schweden gegen Russland: Von Altranstädt nach Poltawa

Während der ersten sechs Jahre des Großen Nordischen Krieges erlaubte Karl Fremden nicht, bei ihm im Feld zu sein. Selbst Diplomatie musste in Stockholm stattfinden, was mehr oder weniger zu deren Erliegen führte, schlicht weil der König abwesend war. Erst als Karl sich 1706 in Altranstädt einquartierte, änderte sich das. Dort besuchte ihn John Churchill, der Herzog von Marlborough, der als Kommandeur einer englisch-niederländisch-habsburgischen Koalition weiter auf schwedische Neutralität in Westeuropa drängte. Es ging ihm darum, Karl von einer Einmischung in den Spanischen Erbfolgekrieg abzuhalten: »Es ist besser, wenn der König von Schweden seine Armeen gegen den Zaren wirft, als wenn sie bleiben und unseren Verbündeten Sorgen bereiten.« Zeitgleich umwarben Karl auch die Franzosen, die Gegner jener Allianz, und natürlich hofften Sachsen und Russland auf ein schwedisches Engagement im Westen.

Den Gegnern Frankreichs war es bis dato relativ leicht gelungen, die Auseinandersetzungen der Schweden um die Vorherrschaft in der Ostsee vom zentraleuropäischen Schauplatz zu trennen: Karl erhielt seit 1701 jährlich 200 000 Taler für seine Nichteinmischung. Nach seinem Sieg über Sachsen kam eine mündliche Garantie der englischen Koalition für die schwedischen Besitzungen im Heiligen Römischen Reich hinzu, wiederum musste Karl nicht mehr als seine Neutralität versprechen. Als diese Zusage 1710 in einen Vertrag gegossen werden sollte, war die königliche Kanzlei in Stockholm begeistert, Karl aber weigerte sich, die ausgehandelten Bedingungen zu unterschreiben – er forderte zusätzlich eine Armee von 15 000 Mann von seinen Vertragspartnern, die er in seinen deutschen Besitzungen stationieren wollte.

Marlboroughs Vorstoß 1706 zeigte, dass Karl sich mittels kluger Diplomatie wohl mehr Unterstützung hätte sichern können. Doch Außenpolitik interessierte den schwedischen König nicht. Das rächte sich 1711, als seine verprellten potenziellen Verbündeten keinen Finger rührten, um ihm bei der Abwehr eines Angriffs auf Pommern zu helfen. Doch Probleme waren Karl aus seiner Ignoranz schon vorher erwachsen: in Polen. Die Abdankung Augusts hatte er zwar 1706 militärisch erzwungen, dabei aber nicht verstanden, dass die polnischen Magnaten keineswegs unisono gegen den sächsischen König waren. Sie wollten zwar einen möglichst schwachen Herrscher, aber die vollständige Dominanz der Schweden empfanden sie als demütigend. Gerade für die *Szlachta*, den so zahlreichen niederen Adel, war Letzteres sogar ein Kriegsgrund. Russland konnte auf diese Verbündeten zählen, auch weil Peter die polnische Innenpolitik wesentlich besser verstand als Karl.

Peter war diplomatisch sehr aktiv: Er erwartete von den Sachsen eine Fortführung des Krieges gegen Schweden und unterstützte sie dafür sowohl mit Soldaten als auch mit Geld. Gleichzeitig machte er mehr als nur einmal deutlich, dass er selbst an einem Frieden mit Karl höchst interessiert wäre, solange er nur einen kleinen Zugang zur Ostsee behalten dürfte – vom Ladogasee über die Newa bis nach Sankt Petersburg, seine 1703 gegründete Stadt, die wie keine andere für den Drang nach Westen stand. Die russischen Siege im Baltikum waren Karl natürlich von seiner Stockholmer Kanzlei nicht verschwiegen worden. Dort hatte man außerdem die Gründung Sankt Petersburgs genau beobachtet und schon im Oktober 1704 geschrieben: Die Russen »haben die Route vom Ladogasee zur Ostsee geöffnet, und danach zudem einen Hafen an der Mündung der Newa ins Meer mit einer herausragenden Schiffswerft gegründet [...]. Sie haben dort eine mächtige Festung errichtet, haben eine große Anzahl an Schiffen und [...] Galeeren gebaut und ausgestattet [...]. Aus England und Holland kommt eine große Menge an Offizieren und einfachen Seeleuten.«

1706 war Peter bereit, auf das eroberte Dorpat zu verzichten und für den Besitz von Narva zu bezahlen. Doch seine Avancen wurden nicht erhört, Karl wollte russische Gesandte nicht einmal empfangen. Diese kehrten unverrichteter Dinge zurück und richteten aus, der schwedische König wolle einen Frieden nur in Moskau diktieren. Aus der Rückschau lässt sich leicht argumentieren, dass Peters Vorschläge den russischen Aufstieg und den schwedischen Niedergang deutlich verlangsamt hätten; zu dieser Zeit jedoch hatte der siegesverwöhnte Karl keinen Grund, an einem – erneuten – Triumph über Russland zu zweifeln. In mancherlei Hinsicht war Peters Kommunikation auch Propaganda, etwa wenn er betonte, nie nach mehr als nur dem Besitz seiner Vorfahren gestrebt zu haben. Noch 1717, als sich sein überragender Sieg im Großen Nordischen Krieg schon abzeichnete, veröffentlichte der Vizekanzler Piotr Schafirow eine Schrift, die diese Botschaft für ein deutschsprachiges Publikum aufbereitete. Darin diffamierte er schwedische Blutlust, wies auf die angebliche Demütigung Peters bei der Besichtigung Rigas 1697 hin und porträtierte den Zaren als einzig wahren Friedensherrscher.

Derartiger Argumente bedurfte es in Polen nicht, um Stimmung gegen die Schweden zu machen. Die Schweden waren im Sommer 1707, nachdem sie in Sachsen – erzwungenermaßen auf Augusts Kosten – den Winter verbracht und sich neu ausgerüstet hatten, nach Osten marschiert. Im Herbst überquerten sie die Weichsel. Zeitweise waren mehr als 100 000 – nicht nur schwedische – Soldaten gleichzeitig in Polen, die unterhalten und finanziert werden mussten. Die Schweden aber brachten die Pest mit, die zwischen 1705 und 1713 im Land wütete, und sie überzogen Sachsen seit Karls Belagerung von Thorn 1703 mit Plünderung, Raub, Vergewaltigung und Mord. All dies traf die Bevölkerung viel härter als die seltenen Schlachten. Die fremden Armeen nahmen im Verlaufe des Großen Nordischen Krieges schätzungsweise 60 Millionen Taler als Kontribution aus Polen ein. Heutzutage wären das etwa 2,5 Milliarden Euro, wobei es sich dabei nur um die finanzielle Beute handelte. Der Wert der beschlagnahmten Naturalien lag um ein Vielfaches höher und lässt sich nicht einmal annähernd bestimmen.

Das Geld der Frühen Neuzeit

Zu Zeiten des Großen Nordischen Krieges wurde üblicherweise mit Silbermünzen gezahlt. Insbesondere der Reichstaler war weit verbreitet. Eine Talermünze wog 29,23 Gramm, wobei das reine Silbergewicht 25,98 Gramm betrug. Allerdings ließen manche Fürstentümer des Heiligen Römischen Reiches ihre eigenen Taler mit teils anderem, niedrigerem Silbergewicht prägen. Beispielsweise enthielten in Leipzig geschlagene Münzen nur drei Viertel der Silbermenge eines Reichstalers. Sie hatten den Wert von 32 Groschen bzw. 120 Kreuzern, wobei diese komplizierte Umrechnung schon zeigt, wie undurchsichtig das Geldwesen jener Zeit war: Im Grunde konnte jede Münze nur nach ihrem Silbergewicht beurteilt werden, das sich wiederum unter Händlern schnell herumsprach. In Polen war die Situation etwas besser, weil dort nur der König den Wert des Geldes festlegte. Der Złoty, wörtlich ›der Goldene‹, war ebenfalls eine Silberwährung, die sich an deutschen Standards orientierte: Ein Taler entsprach etwa 8 Złoty; der unterteilte sich wiederum in 4 Silber- bzw. 30 Kupfergroschen.

Die Umrechnung in heutiges Geld ist schwierig. Natürlich lässt sich der Silberpreis heranziehen, aber dessen Aussagekraft ist begrenzt. Wichtiger ist daher das Kaufkraftäquivalent, also etwa die Frage, wie viel Brot man sich damals und heute für einen bestimmten Betrag kaufen konnte. So errechnen sich die 2,5 Milliarden Euro, die die schwedischen 60 Millionen Taler an Kontributionen aus Polen wert sind – für diesen Betrag könnte man heute damit einkaufen. Doch auch diese Feststellung ist mit Vorsicht zu genießen, denn das Geld stammte nicht aus einer hochentwickelten Volkswirtschaft mit fast 40 Millionen Menschen, sondern einer frühneuzeitlichen Agrargesellschaft mit weniger als 8 Millionen Bewohnern. Deren individuelle Belastung war enorm.

Die polnische *Szlachta* und auch Teile des Großadels reagierten Anfang 1708 auf ihre Weise: Während des zehntägigen Marschs der schwedischen Hauptarmee durch Masowien machte die Bevölkerung zunächst die Hauptverkehrswege unbrauchbar, zumal immer wieder kleinere Einheiten Hinterhalte in den vielen Wäldern dieses Gebiets legten und eine Art Guerillakrieg führten. Das war aufreibend und verlustreich, vor allem aber gab es keine adäquate militärische Antwort darauf. Karl ging deshalb mit aller Härte gegen Zivilisten vor: Er ließ alle Männer über 15 Jahren töten, die in den Wäldern angetroffen wurden; in den Dörfern ließ er alle Tiere schlachten und dann die Häuser niederbrennen. Das verstärkte den Hass der Einwohner und erschwerte außerdem die Nahrungsmittelaufbringung für die Truppe. Um mehr Essen aus dem Land herauszupressen, gingen die Schweden zur Folter über: Finger von gefangenen Zivilisten wurden in die Steinschlösser von Pistolen eingeklemmt und diese so lange gespannt, bis Blut floss; man schnürte Lederstricke um die Hälse und drehte sie mit einem Stock so lange, bis die Augen aus den Höhlen traten; und man suchte kleine Kinder, die man schlug und mit dem Tod bedrohte, um die Eltern zu erpressen. Der Dragoneroberst Nils Gyllenstierna notierte: »Viel Volk wurde massakriert, sowie alles, was sich dort befand, verbrannt, so dass ich glaube, dass die, die überlebten, die Schweden so schnell nicht vergessen werden.«

Wie schon das 17. Jahrhundert brachte auch das beginnende 18. den Polen eine »Schwedenflut«. Lediglich Danzigs Festungen waren stark genug, um einer Eroberung standzuhalten, aber alle Armeen verlangten Geld als Gegenleistung dafür, dass sie die Güter und Besitzungen außerhalb der Mauern nicht zerstörten. Noch härter traf die auf Handel gegründete Stadt an der Ostsee der wirtschaftliche Einbruch: Statt durchschnittlich 337 Schiffen pro Jahr kamen in den beiden Dekaden des Krieges nur noch 197 an, und entsprechend verminderte sich der Export. In Posen wiederum verzeichnete man 1712 Schäden und Zerstörungen an 60 Prozent aller Gebäude; im Umland waren 1705 bereits 40 Prozent aller Bauernhöfe komplett und 38 Prozent teilweise zerstört.

In Krakau musste allein das Viertel Kleparz 200 Fass Bier pro Tag für die schwedische Armee bereitstellen. Bis zu deren Abzug hatte die Stadt insgesamt 600 000 Pfund Fleisch und genauso viel Brot, dazu 12 000 Pfund Fett, Matratzen, Leinen sowie andere Waren geliefert. Und selbst das war noch ein glimpfliches Schicksal. In Kulm im polnischen Westpreußen lebten laut einer Statistik von 1713 nur noch 50 Bürger, denn zweimal hatte zuvor die Pest in der Stadt gewütet. Dieser Bevölkerungsschwund war durchaus nicht ungewöhnlich, in Tolkmicko im Ermland etwa standen 49 Häuser vollkommen leer, weil lediglich 36 Bürger die schwedischen Verheerungen überlebt hatten. Betroffen von den Verwüstungen waren außerdem die Güter der Magnaten, was deren nachlassende Sympathie für Karl erklärt. Beispielsweise wurde auf dem Besitz der Magnatenfamilie Lubomirski in der Region Sandomierz zwischen 1710 und 1712 nur mehr halb so viel Getreide geerntet wie in den Jahren 1659 bis 1661.

Der von den Schweden herbeigeführte Zusammenbruch jeglicher staatlicher Autorität rächte sich deshalb, wobei die Leidtragenden vor allem die einfachen Bewohner des Landes waren. Aber Karl hatte schlicht die Komplexität der Adelsrepublik nicht verstanden, zumal er seine Kriegführung nur auf ›große‹ Gegner ausrichtete. Das erlaubte ihm ein zielgerichtetes Vorgehen, im Zuge dessen er im besetzten Sachsen Plünderungen explizit verbot und mit harten Strafen sanktionierte. Freilich konnte er sich diese Disziplinarmaßnahmen erlauben, denn August leistete monatliche Kontributionen von 500 000 Talern, wozu noch die Einquartierung und Verpflegung der Schweden kamen.

Aus Polen aber berichtete der für die Aufbringung verantwortliche General Magnus Stenbock seinem König: »Ich marschierte mit der Fackel in der Hand, und wenn mir Dörfer begegneten, die keine Kontributionen gezahlt hatten, legte ich an allen vier Seiten Feuer; zahlreiche Bauern wurden bei diesen Gelegenheiten von den Flammen verschlungen.« Das Muster sollte sich auf dem Feldzug nach Russland wiederholen, diesmal aber ausgehend von Peters Armee. Zugleich bemühten sich die Schweden, wie schon in Polen, um Verbündete in der Ukraine.

Einen eigenständigen Staat dieses Namens gab es in jenen Jahren zwar nicht, wohl aber riesige Gebiete zwischen Russland und Polen, die nur unter loser Kontrolle Moskaus und Warschaus standen. In der zweiten Hälfte des 17. Jahrhunderts hatte sich deren Zugriff weiter gelockert, sodass lokale Autonomien entstanden. Das besagte auch der Name *ukraina* – ›Grenzgebiet‹. Das Land im Süden Kiews war beiderseits des Dnjepr von Menschen unterschiedlicher Sprachen und Religionen besiedelt, ohne bereits über eigene Strukturen frühneuzeitlicher Staaten zu verfügen. Neben den Osmanen expandierten vor allem die Zaren in

»Ich marschierte mit der Fackel in der Hand, und wenn mir Dörfer begegneten, die keine Kontributionen gezahlt hatten, legte ich an allen vier Seiten Feuer« – General Magnus Stenbock (1665–1717). Gemälde, 1708

diese Region, während die polnischen Herrscher versuchten, ihren dortigen Einfluss zu bewahren. Zwischen ihnen standen die Kosaken, freie ostslawische Wehrbauern, die sich in Reiterverbänden organisierten und unter einem gewählten Hetman zusammenschlossen.

Im Jahre 1700 hatte das wichtigste dieser Hetmanate sein Zentrum in Kiew. Es erstreckte sich aber weitestgehend über Gebiete östlich des Dnjepr. Der Anführer dieser Moskauer Vasallen war seit 1687 Iwan Masepa, ein im polnischen Teil der Ukraine geborener Adeliger. Seine Freundschaft zu Zar Peter brachte ihm einen großen Machtzuwachs ein, insbesondere weil er 1703 in dessen Auftrag den Aufstand der in Polen lebenden Kosaken um Semen Palij niederschlug. Damit vereinigte er erstmals seit 50 Jahren die beiderseits des Dnjepr in zwei Staaten bestehenden Hetmanate. Allerdings wollten ihm weder August noch sein Gegenkönig Stanisław Leszczyński die Hoheit über polnische Territorien gewähren, während Peter die Kosaken strenger kontrollieren wollte. So kam es, dass er Masepa nicht gegen Leszczyński unterstützte.

Doch Masepa, einer der reichsten Männer Europas, steckte nicht zurück. Es bedrohte bereits seine Autorität, dass seine Männer von russischen Generalen in den Schlachten gegen die Schweden regelrecht verheizt wurden – weil die leichte Kavallerie keine ernsthafte Bedrohung für die Infanterie oder die schweren Reiter Karls darstellte. Aber mehr noch: Masepa dachte an eine dynastische Herrschaft, an seinen eigenen Staat zwischen den Großmächten. Das wiederum bedeutete, deren Schwäche gezielt auszunutzen und sich wie bisher der Protektion des stärksten Akteurs zu versichern. Masepa nahm Fühlung zu Karl auf, von dem er sich einerseits eine Einhegung Leszczyńskis und andererseits Hilfe gegen Peter versprach, der 1707 südlich von Masepas Hetmanat einen Aufstand anderer Kosaken blutig unterdrückt hatte.

Währenddessen waren die Russen gegen den schwedischen Vormarsch zu einer Taktik der verbrannten Erde übergegangen. Der Befehl lautete: »Falls jemand dem Feind Essen bringt, sogar für Geld, soll diese Person gehängt werden; auch jeder, der davon weiß und nichts sagt. Auch sollen die Dörfer, aus denen Essen gegeben wird, niedergebrannt werden.« Außerdem übernahm Peter die Strategien Augusts: Er wollte

Das Porträt Iwan Masepas ziert heute die ukrainische Zehn-Griwna-Banknote.

hinhaltenden Widerstand leisten, aber keinesfalls eine Entscheidungsschlacht schlagen – bzw. erst dann, wenn der Feind durch einen langen, entbehrungsreichen Marsch durch die Weite des Russischen Reiches genügend geschwächt war.

Für Karl wiederum ging es wie gegen Dänemark und Sachsen-Polen darum, endlich einen so überwältigenden Sieg zu erringen, dass Russland ebenfalls zu einem Frieden und zur Rückkehr zum Vorkriegsstatus bereit wäre. Östlich der Grenzen Polens stellte sich daher die grundsätzliche Frage, der sich jede Invasionsarmee in Russland gegenübersah: Auf welches Ziel sollte man marschieren? Im Norden, in Richtung Moskau, schien eine Verpflegung aus dem kargen Land kaum möglich, zudem drohte ein kalter Winter; Richtung Süden jedoch versprach Masepa Tausende neuer Soldaten und üppig gefüllte Magazine.

Karls Generale plädierten dennoch für einen Vorstoß auf Moskau. Der König entschied anders, denn er war sich wohl bereits im März 1708 mit Masepa einig geworden. Ruchbar wurde dieser Seitenwechsel erst im Oktober, wobei Peter schon vorher Verdacht geschöpft hatte. Die Rebellion nahm allerdings weit bescheidenere Ausmaße an, als die Schweden gehofft hatten: Lediglich etwa 6000 Kosaken folgten Masepa, auch deshalb, weil die russische Reaktion unmittelbar und hart war: Noch im November ließ Peter durch ihm treu ergebene Kosakenoffiziere Iwan Skoropadskyj zum neuen Gegen-Hetman wählen, der in die vollen Rechte seines Vorgängers eintrat und ein genuines Interesse an eigener Machtentfaltung hatte. Nur zwei Tage später erreichten russische Truppen außerdem Baturyn, die 200 Kilometer östlich von Kiew gelegene Hauptstadt Masepas – der sich zu diesem Zeitpunkt bereits bei Karls Armee aufhielt, diesem aber seine reichhaltigen Vorratslager versprochen hatte.

In Baturyn lagerten außerdem fast 8000 Kosaken, die ihrem Hetman Masepa treu ergeben waren, mit mindestens 70 Kanonen und reichlich Munition. Die Polen hatten dort 1625 eine Holzfestung mit den Ausmaßen von 130 mal 100 Metern errichtet und sie mit einem zehn Meter breiten Graben umgeben. Allerdings war diese Anlage seitdem nicht grundlegend instandgesetzt worden, sondern befand sich in einem wenig verteidigungsfähigen Zustand. Das galt genauso für die Stadt selbst, die ebenfalls nur über eine hölzerne Mauer verfügte. Gegen dieses ebenso leichte wie attraktive Ziel mit seinem eher bescheidenen steinernen Hetmanspalast hatte Peter ein ganzes Korps unter seinem Vertrauten Alexander Menschikow entsandt. Der traf am 25. Oktober dort ein und forderte eine Kapitulation, die jedoch verwehrt wurde.

Ein Kriegsrat mit dem Zaren im 100 Kilometer entfernten Nowhorod-Siwerskyj entschied, Baturyn um jeden Preis zu erobern. Doch dies musste schnell geschehen, denn die Schweden waren bereits auf dem Weg, die Stadt zu entsetzen, während die Verteidiger auf eine längere Belagerung hofften und die Vororte in Brand setzten. Den Russen gelang es am 13. November, eine Bresche in die Mauern zu schießen; sie inszenierten einen Scheinangriff auf der gegenüberliegenden Seite und traten zum Sturm an, wobei nicht ganz geklärt ist, ob sie eventuell au-

Karls Zug in Russland bis nach Bender 1708/1709

ßerdem Verteidigungs- bzw. Fluchttunnel entdeckt hatten, die sie ebenfalls nutzen konnten.

Es folgte ein Massaker an den Einwohnern, das dank umfangreicher archäologischer Grabungen in jüngster Zeit gut dokumentiert ist – für die heutige Ukraine ist Masepa ein Held der Selbstständigkeit, und das Blutbad von Baturyn gilt als Beleg für jahrhundertelange russische Unterdrückung. Umstritten sind die genauen Opferzahlen, die zwischen 10 000 und 15 000 Toten – Zivilisten und Soldaten – schwanken. Menschikow hatte angesichts der anrückenden Schweden wenig Zeit fürs Plündern und konnte bei seinem schnellen Rückzug nicht einmal alle Kanonen abtransportieren. Peter notierte dennoch voller Zufriedenheit in seinem Tagebuch: »Die Stadt Baturyn wurde ohne größere Verluste eingenommen [...] und wir töteten den Rest und brannten die Stadt nieder mit allem darin und zerstörten sie bis zu den Grundmauern.« Noch zwei Jahrzehnte später galt Baturyn als eine verwüstete Geisterstadt. Heute ist sie ein ukrainisches Nationalheiligtum, aber mit 2500 Einwohnern kaum halb so groß wie zu Zeiten Masepas.

Dies war das zweite Mal in jenem Herbst 1708, dass die schwedische Armee dringend benötigten Nachschub verlor. Bereits einen guten Monat zuvor hatte Karl es nicht geschafft, die Russen von einem Gegenschlag abzuhalten. In Lesnaja, im Osten des heutigen Belarus, hatte der Angriff am 9. Oktober dem schwedischen General Adam Ludwig Lewenhaupt gegolten, der ein reichlich proviantiertes Korps mit über 12 000 Mann aus dem Baltikum zu seinem König führen sollte. Lewenhaupt galt als einer der besten Heerführer der Schweden, er hatte bereits einige Siege im Großen Nordischen Krieg erzielt. Als sich seine Truppen Ende September fast auf 100 Kilometer der Hauptarmee genähert hatten, wollte Karl jedoch nicht länger auf ihn warten. Da ihm ein späterer Zusammenschluss nicht weiter tragisch schien, befahl er den Aufbruch seiner Hauptarmee.

Das war eine verhängnisvolle Entscheidung, die der bestens informierte Peter sofort ausnutzte. Gemeinsam mit Menschikow übernahm er selbst das Kommando über erfahrene und schnelle Truppen, unter anderem vier Batterien berittener Artillerie und zehn Dragonerregimenter. Währenddessen war Lewenhaupt eine Woche lang damit beschäftigt, seinen riesigen Tross mit weit über 4000 Wagen – davon 200 mit Munition und mindestens 1300 mit Verpflegung – über den Dnjepr

Der General Adam Ludwig Lewenhaupt (1659–1719) galt als einer der fähigsten schwedischen Heerführer. Gemälde, undatiert

zu setzen. In voller Länge, wenn die Wagen tatsächlich paarweise nebeneinander fahren konnten, dehnte sich dieser Zug über 20 Kilometer aus. Er war auch deshalb so lang, weil die typische tägliche Ration eines damaligen Soldaten 650 Gramm Brot, 450 Gramm Fisch oder Fleisch sowie drei Liter Bier betrug; ein Pferd wiederum benötigte 25 Kilo Gras oder – besonders im Winter – zehn Kilo Heu pro Tag.

In der dünn besiedelten Ukraine, besonders in der kargen Steppenlandschaft des Hetmanats, war Vorratshaltung unerlässlich, weil Nahrungsmittel sich kaum requirieren ließen. Die Schweden marschierten auch deshalb 20 bis 30 Kilometer am Tag, um jeweils in neuen Gebieten überhaupt etwas zu finden – für sich und vor allem für ihre Pferde. Das war in der Frühen Neuzeit eine übliche Taktik, zumal in Gegenden, wo es kaum Festungen gab. In Russland bedeutete es für Karls Männer allerdings den völligen Verzicht auf Ruhepausen. Als der König seine Truppen aufbrechen ließ, ohne auf Lewenhaupt zu warten, geschah das nicht zuletzt, um die Verpflegung seiner Soldaten zu sichern. Aus dem gleichen Grund konnte er außerdem kaum umkehren, denn das hätte die erneute Durchquerung bereits ausgebeuteter Landstriche bedeutet.

Der schwedische Abmarsch erlaubte Peter eine ungestörte Annäherung von Norden. Nochmals verstärkt durch weitere 4000 Dragoner, stellten seine Truppen am 9. Oktober 1708 Lewenhaupt in Lesnaja und sicherten sich eine zweifache numerische Überlegenheit. Von zwei Seiten nahmen die russischen Kräfte die Schweden in die Zange, die größere Kontingente zum Schutz ihres Konvois vor Kavallerieattacken abstellen mussten. Trotzdem lief längst nicht alles wie geplant für die Angreifer, denn Lewenhaupts Männer führten immer wieder kleinere Gegenstöße durch und stoppten die Russen an einzelnen Abschnitten des weitgezogenen Schlachtfelds. Mehr als nur kleinere Verschnaufpausen brachte das nicht ein, und ein geordneter Rückzug des ganzen Trains blieb angesichts der weiter vorstoßenden Gegner unmöglich.

Kurz vor Einbruch der Dunkelheit hüllte ein für die Jahreszeit überraschender Schneesturm das Schlachtfeld ein und beendete den Kampf gegen 17 Uhr. Mehrere Stunden warteten die Schweden im Dunkeln auf einen weiteren Angriff der Russen auf die einzige Brücke über den Lesnjanka-Bach, bevor sie sich nach Propoisk, etwa zehn Kilometer südlich, zurückzogen. Bis zu diesem Zeitpunkt war die Begegnung mit Peters Truppen zwar verlustreich, aber kein Desaster gewesen. In Propoisk jedoch musste Lewenhaupt feststellen, dass die Stadt niedergebrannt und eine Überquerung des Flusses Sosch unmöglich war, zumal an dieser Stelle weitere russische Dragoner lagerten. Aus Furcht vor einer Einkesselung befahl der schwedische General nun, die Trosswagen zu zerstören; alle kampfbereiten Männer sollten auf Zugpferden weiterreiten und von den vielen Vorräten lediglich das mitnehmen, was sie tragen konnten. Die Verwundeten ließ Lewenhaupt in Propoisk zurück, wo sie am nächsten Tag den Russen in die Hände fielen. Es war ein grandioser russischer Sieg, denn vom bestens ausgestatteten schwedischen Korps sollte lediglich die Hälfte, gut 6000 Soldaten mit minimalem Gepäck, Karls Armee erreichen.

Auch aus Polen erhielten die Schweden keine Unterstützung. Zwar hatte Leszczyński etwa 8000 Reiter versammelt und in Richtung Ukraine in Marsch gesetzt, aber bereits wenige Kilometer östlich von Tschenstochau, in Koniecpol, trafen diese am 22. November 1708 auf ein gleich starkes Heer der nach wie vor zu August von Sachsen stehenden Konfö-

Russische Truppen unter Zar Peter stellten Lewenhaupts Schweden am 9. Oktober 1708 in Lesnaja zur Schlacht. Gemälde, um 1720

deration von Sandomierz. Es war die wohl folgenreichste Schlacht des innerpolnischen Adelskrieges, in der erneut zwei Kavalleriearmeen aufeinanderprallten. Kaum mehr als 600 Tote auf beiden Seiten waren zu beklagen, aber Leszczyńskis Anhänger unter der Führung des Magnaten Józef Potocki mussten auf ihrer Flucht vor den geschickt agierenden Konföderierten um Ludwik Pociej und Jakub Rybiński rund 1000 Verwundete sowie 2000 Gefangene zurücklassen. Von dieser Niederla-

ge sollte sich Leszczyński nicht mehr erholen. Weder konnte er Karl zu Hilfe eilen noch dieser ihm, was August nur wenig später für seine Rückkehr auf den polnischen Thron ausnutzte.
Die schwedische Armee in der Ukraine war auf sich allein gestellt, doch ihre Stärke war noch weitgehend ungebrochen. Der einsetzende Winter, der jede Kriegführung unterbrach, bedeutete allerdings eine große logistische Herausforderung hinsichtlich der Verpflegung, weshalb ge-

nerell umfangreichere Truppenkontingente die kalte Jahreszeit bevorzugt im Quartier verbrachten. Das galt für die Russen genauso, aber sie bewegten sich nicht in Feindesland, mussten kaum marschieren und waren deshalb viel besser geschützt vor dem, was als Großer Winter in die Geschichte eingehen sollte.

Der Jahrtausendwinter 1708/1709 gilt als der kälteste der vergangenen 500 Jahre und brachte in der Ukraine Durchschnittstemperaturen, die um acht Grad unter dem statistischen Mittelwert lagen. Viele ungünstige klimatische Faktoren kamen zusammen, und zwar nicht nur in Osteuropa: Beispielsweise war im Trierer Raum der letzte Nachtfrost dieses langen Winters erst am 7. Juli 1709 zu beobachten; der Gardasee, gerade am Südende berühmt für mediterrane Temperaturen, fror komplett zu; in Frankreich forderten die Missernten über eine halbe Million Hungertote. In Karls schwedischer Armee sollen in der kältesten Winternacht 2000 Menschen gestorben sein, Tausende weitere folgten bis zum einsetzenden Frühling. Insgesamt erfroren wohl rund 20 Prozent seiner Soldaten.

↗ Die zahlenmäßige Überlegenheit der russischen Truppen war insgesamt erdrückend. Auch bei der Kavallerie standen 14 000 Russen 8000 Schweden gegenüber. Gemälde von Alexander von Kotzebue

6 Poltawa 1709: Der Höhepunkt des Großen Nordischen Krieges

Im Frühjahr 1709 hatte sich die Gesamtlage für die Schweden nicht verbessert. Karls Generale drängten darauf, sich nach Westen zurückzuziehen und mit Leszczyński zusammenzuschließen. Gemeinsam könne man Polen sichern und dann weitere Operationen gegen Russland planen. Nicht zuletzt fehlten dem schwedischen Heer Zugtiere für die Kanonen, außerdem war ein Großteil der Munition feucht und damit unbrauchbar geworden. Doch Karl war nicht zu überzeugen: Er wollte die Offensive gegen Peter fortsetzen und endlich eine Entscheidung herbeiführen. Seit Anfang April ließ er daher die Festung Poltawa belagern, die etwa 350 Kilometer östlich von Kiew gelegen war und mit über 4000 dort stationierten gegnerischen Soldaten durchaus ein nennenswertes Ziel darstellte.

Allerdings hatten die Schweden keine geeignete Artillerie – oder genauer: keine Munition dafür –, um die Mauern der Stadt zu stürmen.

Die Schlacht von Poltawa war Wende- und Höhepunkt des Großen Nordischen Krieges. Gemälde von Nicolas Larmessin, 1724

Fast drei Monate lang leisteten die Eingeschlossenen Widerstand, während Karl auf die Reaktion der Russen wartete, die nach wie vor auch mit dem Kosakenaufstand im Süden der Ukraine beschäftigt waren. Nicht zuletzt hoffte der schwedische Monarch, doch noch die Osmanen oder zumindest die Krimtataren auf seine Seite ziehen zu können, und sei es durch eine siegreiche Schlacht gegen seinen Rivalen. Karl ließ Schanzen errichten und stellte 8000 Mann für die Belagerung ab, wäh-

rend sein Hauptheer mit den Verwundeten und dem Tross von annähernd 900 Wagen einige Kilometer westlich davon lagerte. Das Terrain erlaubte den Verteidigern kein Entkommen aus der Festung, denn während es in Richtung der schwedischen Truppen nur leicht hügelig war, fiel es nach Osten hin, zum Fluss Worskla, etwa 60 Meter ab; ein geordneter Rückzug über diesen Abhang, gefolgt von einer Überquerung des etwa 30 Meter breiten Gewässers, war kaum möglich.

Andererseits waren die Schweden nicht in der Lage – und wohl auch nicht willens –, einen gegnerischen Aufmarsch zum Entsatz von Poltawa zu verhindern. Und genau den veranlasste Peter: Er zog am Ostufer der Worskla etwa 50 000 Mann zusammen, 58 Infanteriebataillone und 17 Kavallerieregimenter, die Ende Juni den Fluss überquerten und acht Kilometer nördlich der Stadt ihr Lager aufschlugen und befestigten. Das zum Wasser hin geöffnete Lager hatte nur an drei Seiten eine Befestigung. Die bot Schutz, aber ein notwendiger schneller Rückzug konnte zur Katastrophe werden, weil der Übergang über die Worskla für eine solche Menschenmasse keinesfalls schnell zu bewerkstelligen war – zumal sich lediglich ein schmaler, sandiger Pfad hinunter zum Ufer wand. Die größte Angst der Russen galt deshalb einer Umgehung von Norden und einer Umzingelung wie einst in Narva, wo der Sturmangriff der Schweden zum Desaster geführt hatte.

Wie 1700 waren Peters Truppen numerisch nun auch bei Poltawa überlegen, selbst wenn ihre genaue Zahl heute nicht mehr zu bestim-

Das Denkmal soll den Ort markieren, an dem Zar Peter am 27. Juni 1709 während der Schlacht bei Poltawa rastete.

men ist. Das liegt auch an den vielen Zivilisten für alle möglichen Dienstleistungen, die einen Heertross begleiteten. Schätzungsweise 5000 Zivilisten waren auf russischer Seite in Poltawa dabei, ein Drittel davon Ehefrauen und Kinder der Offiziere. Bei den Schweden sah es nicht viel anders aus, neben 5000 Zivilbeschäftigten – etwa den Küchenhelferinnen Maria Bock und Maria Johansdotter, die den König versorgten – begleiteten wohl annähernd 2000 Ehefrauen und Kinder die Soldaten. Es war damals für Offiziere vollkommen üblich, ihre Familie auf die Feldzüge mitzunehmen. Ein Beispiel ist die 1684 geborene Britta Scherzenfeldt, die als Tochter eines Kavallerieleutnants den Fahnenjun-

Für die in der Schlacht von 1709 gefallenen Schweden wurde von Landsleuten 200 Jahre nach dem Ereignis dieser Gedenkstein errichtet.

ker Mats Bernow heiratete. Gemeinsam mit ihrem Sohn ging sie mit nach Polen, wo sie erst das Kind und 1703 in Thorn dann auch ihren Mann begraben musste. Scherzenfeldt heiratete in Riga nach einigen Jahren den Oberstabsfeldwebel Jonas Lindström, mit dem sie bis nach Poltawa zog. Die damaligen Armeen förderten dieses Familienleben, weil es die Moral ihrer Offiziere und Unteroffiziere stärkte. Demgegen-

Schwedische Truppen ergeben sich Zar Peter nach der Schlacht von Poltawa. Über 9200 Schweden starben, auf russischer Seite gab es 1300 Tote. Ausschnitt eines Gemäldes von Alexander von Kotzebue, 1862

über waren Prostituierte bei den religiösen Schweden nur geduldet, während Homosexualität als Kapitalverbrechen galt. Dennoch sind beiderlei Fälle aus dem Offizierskorps überliefert, und es soll sogar Zoophilie gegeben haben.

In jenem Sommer 1709 hatte Karl gut 24 000 Soldaten bei sich, von denen etwa 16 000 an der eigentlichen Schlacht teilnehmen sollten.

Die restlichen, tendenziell deutlich weniger kampfkräftigen Einheiten bewachten den Tross und setzten die Belagerung der Stadt Poltawa fort. Der König war sich der zahlenmäßigen Überlegenheit der Russen, die zudem weitere Verstärkungen erwarteten, sehr wohl bewusst. Aber er wollte endlich eine Entscheidungsschlacht schlagen und ließ sich davon nicht einmal durch eine Schussverletzung abhalten, die er sich bei einem Aufklärungsritt zugezogen hatte: Eine Kugel hatte seinen Fuß der Länge nach durchschlagen, und es kam zu einer Infektion, die beinahe tödlich gewesen wäre. Fortan konnte Karl sich auf dem Schlachtfeld nur noch in einer Sänfte tragen lassen und war nicht mehr in der Lage, selbst das Kommando zu führen und seinen Männern – wie sonst – ein inspirierendes Beispiel zu geben. Er übertrug den Oberbefehl seinem Marschall Carl Rehnskiöld, die Infanterie sollte Adam Lewenhaupt führen.

Es existieren keine Aufzeichnungen über den Kriegsrat der Schweden am Vorabend der Schlacht, ihr konkreter Plan lässt sich nur aus dem Geschehen ableiten. Aber auch russische Memoiren über Poltawa fehlen; sieht man von der Korrespondenz Peters ab, gibt es nicht einmal Briefe. Das Schlachtgeschehen lässt sich also lediglich aus schwedischen Erinnerungen rekonstruieren, was ein Grund dafür ist, dass Peter seit dem 19. Jahrhundert zwar als Reformer des Zarenreichs gefeiert wird, kaum aber als Heerführer.

Bislang hatte keine schwedische Armee unter Karls direkter Führung eine Schlacht verloren. Den russischen Gegner hielt der König auch diesmal nicht für besonders gefährlich, er erwartete einen klaren, eindeutigen Sieg – diese Schlacht sollte den Krieg beenden. Dafür mussten Peters Soldaten überwältigt werden, doch die Quellen geben keinen Aufschluss darüber, ob ursprünglich ein Sturm auf dessen Lager oder eine Feldschlacht beabsichtigt worden war, wie sie sich tatsächlich entwickelte. Bei nicht wenigen schwedischen Kommandeuren scheint darüber Unklarheit geherrscht zu haben, was der improvisierte Aufbruch in den Kampf belegt.

Ganz wesentlich hingegen für die Lineartaktik der Frühen Neuzeit war die planvolle Aufstellung der Truppen, deren präzise Formierung meist Stunden dauerte. Doch ein derartiger Aufmarsch war den Schweden nicht möglich. Peter hatte sein Lager so angelegt, dass der Zugang aus Richtung Poltawa nur zwischen zwei Wäldern möglich war. Eine breitgespannte Infanterielinie passte dort nicht hindurch. Außerdem hatten die Russen auf persönlichen Befehl des Zaren diese Engstelle mit mehreren Redouten im Abstand von 150 bis 170 Metern gesichert, also Karrees mit etwa 50 Metern Seitenlänge, mit kleineren Holzwällen und einem Graben. Das waren keinesfalls unüberwindbare Hindernisse, aber Peter selbst hatte sie in der Art eines T-förmigen Wellenbrechers anlegen lassen: Sechs von ihnen sperrten direkt den Zugang, und vier weitere waren rechtwinklig dazu in Richtung des schwedischen Lagers angelegt. Karls Soldaten mussten also zunächst an den ersten vier Redouten vorbeimarschieren, bevor sie die Linie mit den weiteren Redouten durchstoßen konnten.

In diesen Schanzen hatte Peter 4000 Mann mit 16 Kanonen stationiert. Als die Schweden, die an jenem 8. Juli 1709 seit kurz nach Mitternacht auf den Beinen waren, gegen Sonnenaufgang die erste Redoute stürmten, trafen sie kaum auf Widerstand; lediglich einige Arbeiter waren dort beschäftigt, die Stellung noch nicht besetzt. Dann aber gerieten sie unter Beschuss, und ganz offensichtlich hatten sie die russische Gegenwehr unterschätzt, denn sie hatten weder Leitern und Seile für das Stürmen der Wälle noch Rutenbündel dabei, um den Graben aufzufüllen. Es blieb ihnen nur der Vorbeimarsch – was freilich dem üblichen schnellen Angriff direkt auf den Hauptgegner zu entsprach.

An ein Beschießen der Redouten war nicht zu denken. Rehnskiöld hatte lediglich vier Dreipfünder-Kanonen mit je einem Munitionswagen und 30 Mann zur Bedienung mit in den Kampf genommen: Artillerie war zu schwerfällig und Pulver knapp. Bei diesen Stücken handelte es sich um Feldgeschütze, die bei schwererer Ausführung bis zu zwölf Pfund schwere Geschosse feuerten. So ein Zwölfpfündergeschütz wog 1,7 Tonnen und benötigte zwölf Zugpferde, wobei das Rohr separat transportiert wurde. Bei guter Vorbereitung und mit spezieller Munition ließen sich mit kleinen Geschützen mehrere Schuss pro Minute abgeben, wohingegen ein Zwölfpfünder eher bei zehn Schuss in der Stunde lag. Bei geringer Entfernung waren Kartätschen die Waffe der Wahl, mit Musketenkugeln oder Bleischrot gefüllte Leinensäcke oder Kartons, die mit ihren Splittern nochmals für größere Verheerungen sorgten. Im Grunde kann man von riesigen Schrotflinten sprechen.

Explodierende Geschosse verwendete man nur für Belagerungen, Vollkugeln hingegen auf Distanzen bis zu einem Kilometer, dann aller-

Die Schlacht von Poltawa am 8. Juli 1709 (Phase 1)

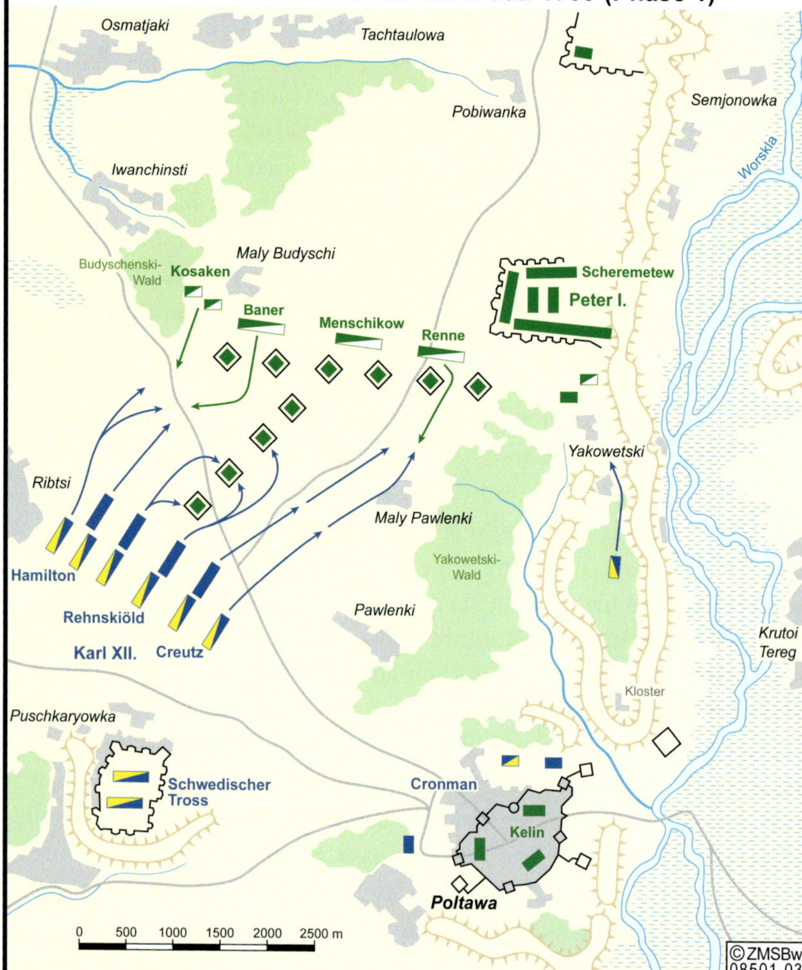

dings mit minimaler Genauigkeit. Bis etwa 500 Meter betrug die effektive Reichweite, bei der die Geschosse, die mit 200 bis 250 Metern pro Sekunde über das Schlachtfeld fegten, später auf dem Boden weiterrollten und kaum an Gefährlichkeit verloren. Vielfach waren die Treffer gar nicht sofort tödlich, aber sie setzten die Männer außer Gefecht und verursachten zertrümmerte, gequetschte, gebrochene und nicht selten sogar abgerissene Gliedmaßen.

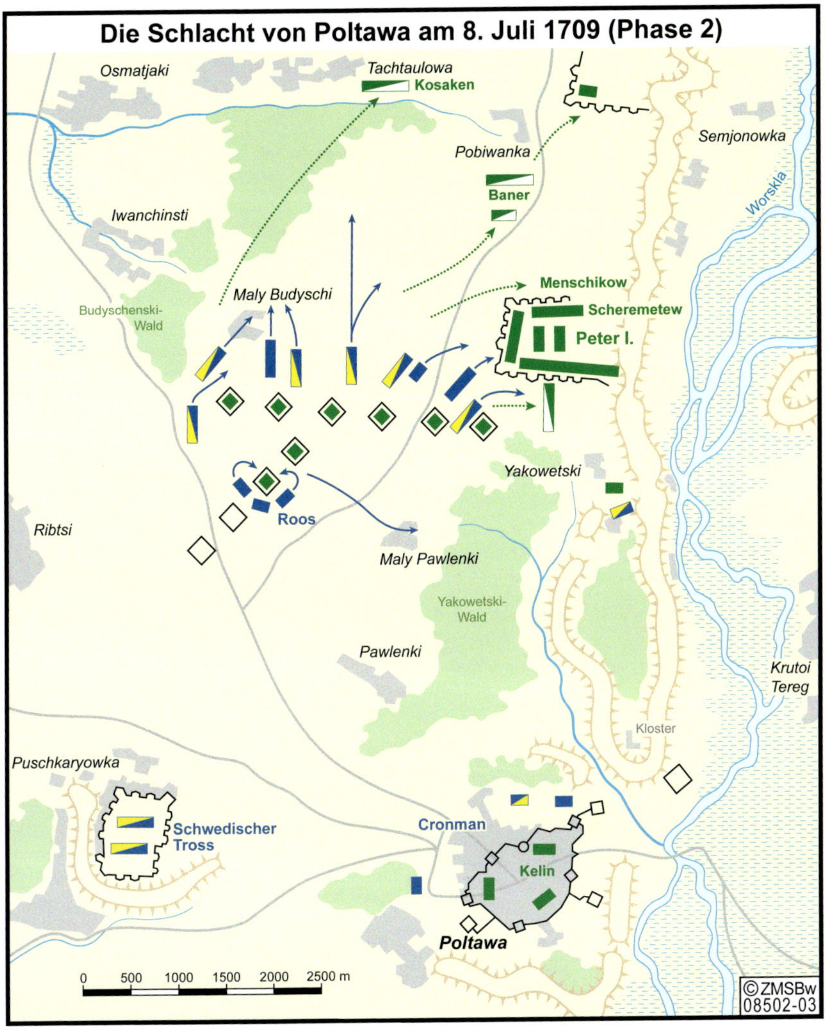

In Poltawa sollte sich die defensive Aufstellung der Russen als Vorteil erweisen, denn sie erlaubte einen massiven Einsatz der Artillerie, die außerdem größtenteils den Regimentern zugeteilt worden war, was einige Flexibilität mit sich brachte. Von den 102 Kanonen waren 70 üppig aufmunitionierte leichte Dreipfünder, die am Ende der Schlacht zusammen über 1100 Schuss abgegeben hatten, davon ein Drittel Kartätschen. Aber in dieser Schlacht kamen sogar die riesigen 40-Pfund-Haubitzen und

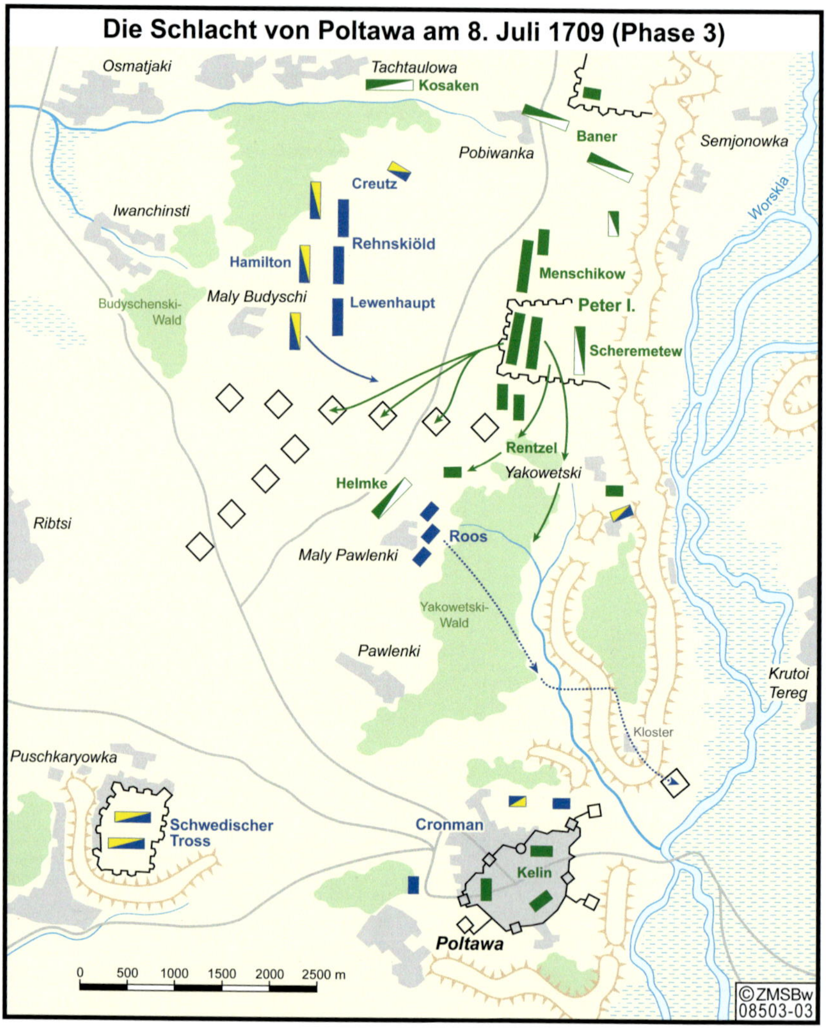

20-Pfund-Mörser durchschnittlich auf 17 Schuss, die Zwölfpfünder sogar auf 36 Schuss – zusammen waren es fast 1500 Geschosse, die auf die Schweden niedergingen, eines auf jeden zehnten Mann.

Zunächst aber marschierte der Großteil der schwedischen Armee unter heftigem Feuer an den Redouten einfach vorbei und versammelte sich in einer Senke westlich des russischen Lagers. Doch offensichtlich hatten nicht alle unter Karls Offizieren präzise Befehle erhalten. Generalmajor Carl Gustav Roos ließ seine sechs Bataillone mit rund 2600 Mann die Schanzen stürmen. Nach über 1000 Gefallenen brach er den Angriff als gescheitert ab und ließ weiterziehen. Seine Soldaten hatten lediglich eine Befestigung einnehmen können, während Rehnskiöld und Lewenhaupt ihre Truppen bereits neu formierten. Roos' Verzögerung führte zur Katastrophe, denn in der Zwischenzeit war Menschikow mit mehreren Dragonerregimentern eingetroffen und verlegte ihm den Weitermarsch zur Hauptstreitmacht. Dieses Aufeinandertreffen nutzte wiederum die russische Infanterie, um die verlassenen Redouten neu zu besetzen, wo Roos' Männer nicht einmal die Kanonen zerstört hatten.

Roos' Bataillone saßen in der Falle, und in ihrer Not blieb ihnen nur der Rückzug durch den bewaldeten Hügelrücken, der von Poltawa entlang der Worskla bis zu Peters Lager führte. Dort hatten berittene schwedische Hilfstruppen einen Ablenkungsangriff inszeniert, den die Russen aber leicht abwiesen. Hart bedrängt von nachrückender Infanterie schlugen sich Roos' Soldaten unter großen Verlusten bis nach Poltawa durch, wo sie nicht auf der Seite der schwedischen Belagerungsgräben eintrafen, sondern im Nordosten der Stadt. Dort gab es nur eine verlassene Befestigung, in die sich kaum mehr als 400 Überlebende flüchteten. Hilfe war nicht zu erwarten, denn auf der gegenüberliegenden Seite hatte Karl die Truppen auf eine Rumpfmannschaft reduziert, die höchstens noch in der Lage war, ein Ausbrechen aus der Stadt zu verhindern. Die Garnison in Poltawa trat nun Roos entgegen, der in seiner hoffnungslosen Situation die Kapitulation nur kurz hinauszögern konnte.

Zwei Stunden hatten die Schweden auf Roos gewartet, der immerhin ein Drittel ihrer Infanterie befehligte. Ihre Kavallerie dominierte zwar die Ebene vor dem russischen Lager, aber Peter war über die Entwicklungen vor Poltawa informiert, während Rehnskiöld und Karl im Dunklen tappten. So kam es, dass die Russen beschlossen, die Initiative zu ergreifen und die offene Schlacht zu wagen, worauf die Schweden reagieren mussten. Beide Seiten formierten nun ihre Truppen. Die erdrückende russische Überlegenheit war für jedermann offensichtlich: Peters 42 Bataillonen, 12 000 Mann in einer ersten, vier Soldaten tiefen Reihe, und dahinter weitere 9000, standen lediglich zehn schwedische Bataillone mit wenig mehr als 4000 Soldaten gegenüber – weit ge-

Die Schlacht von Poltawa am 8. Juli 1709 (Phase 4)

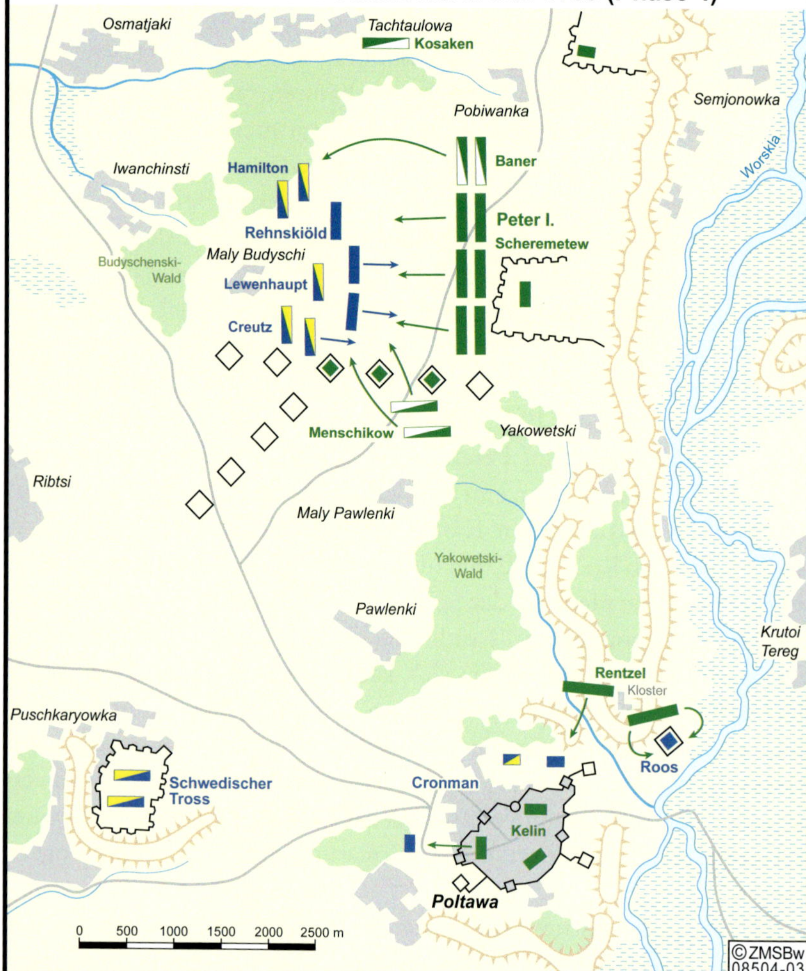

streckt, damit die Ausdehnung der Linie gleich war und die Umgehung an den Flügeln nicht zu leicht fiel. Bei der Kavallerie war das Ungleichgewicht nicht ganz so dramatisch, auf 8500 Schweden kamen knapp 14 000 Russen.

Rehnskiöld war es nicht gelungen, die russische Aufstellung zu verhindern. Beide Seiten waren lehrbuchmäßig positioniert, sodass die Schweden einzig auf ihre Erfahrung und eine bessere Moral bauen

Feldmarschall Boris Scheremetew (1652–1719). Gemälde, 1836

konnten. Ein Rückzug war ohnehin nicht mehr möglich, die Entscheidung, die Karl so sehnlich herbeiführen wollte, schien unausweichlich. Um 9 Uhr morgens traf er in seiner Sänfte die Entscheidung zum Angriff. Um 9:45 Uhr marschierten seine Soldaten vorwärts.

Es sollte kein weiteres Narva geben. Die russische Armee von 1709 war nicht mehr die alte, die sich damals hatte überrumpeln lassen. In langen Jahren und vielen Auseinandersetzungen mit Karl und seinen Truppen hatten Peters Generale von den gegnerischen Taktiken gelernt. Gerade weil die Schweden der Hauptgegner bzw. ihre Besitzungen an der Ostsee das Ziel waren, richteten sich die allermeisten petrinischen Militärreformen auf den Kampf gegen sie. Flexible Dragonerregimenter, eine professionalisierte Ausbildung und auch Ausstattung der eigenen Männer, der massive Einsatz von Artillerie in der Verteidigung und insbesondere scharfe Disziplin hatten die Armee modernisiert, die sich jetzt auf einer kleinen Anhöhe den Schweden entgegenstellte.

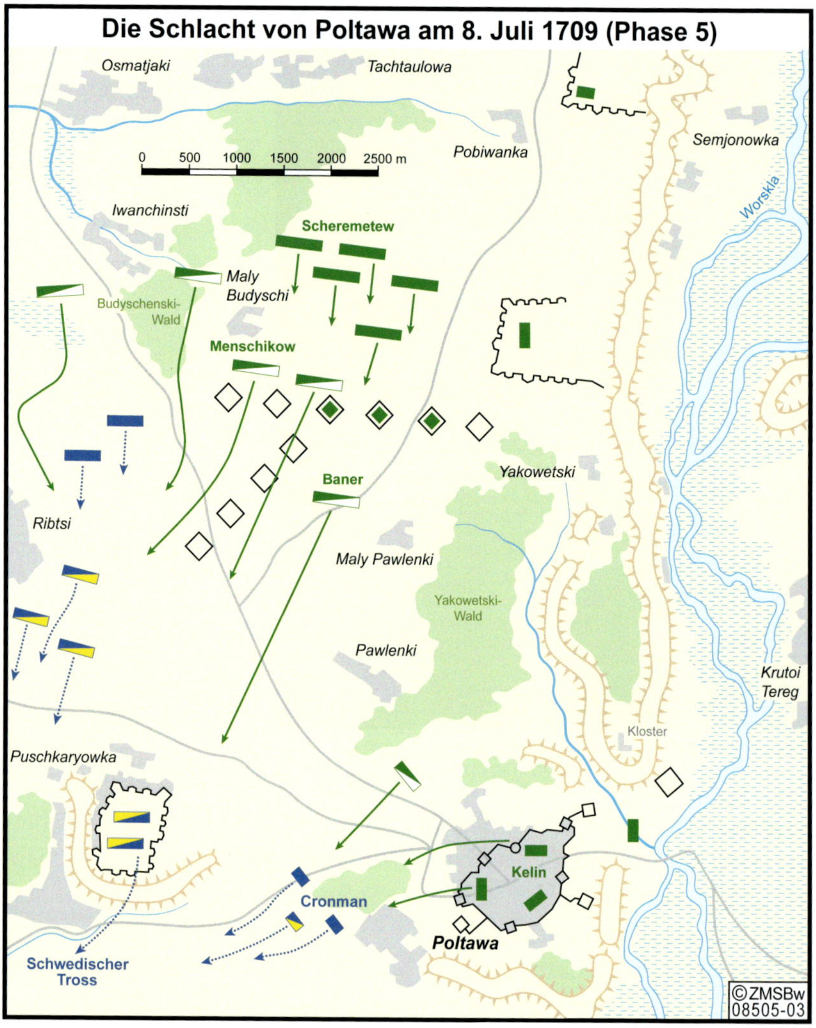

Etwa 800 Meter mussten die blauen Infanteriereihen unter Lewenhaupt dorthin zurücklegen. Sie beobachteten, wie Peter die lange Frontlinie aus ganz in grün gekleideten russischen Soldaten abritt und anschließend das Kommando an Feldmarschall Boris Scheremetew übergab. Danach begannen die russischen Kanonen zu schießen, zuerst Kugeln und auf 200 Meter Entfernung Kartätschen. Die Schweden erhöhten ihre Marschgeschwindigkeit. Als sie auf 50 Meter an die Russen

herangekommen waren, schossen Letztere die erste Salve. 12 000 Schuss rissen weitere blutige Löcher in die Reihen der Angreifer. Doch die Disziplin hielt, sie stapften weiter, und erst bei etwa 30 Metern Distanz befahl Lewenhaupt, der in der Mitte seiner Männer ritt, zu feuern.

Die erste Linie der Russen machte kehrt – aber sie floh nicht. Weitgehend koordiniert traten die Soldaten hinter ihre zweite Linie zurück, und nur an einzelnen Stellen erreichten die Schweden sie, konnten ihre Schwerter und Bajonette einsetzen und tatsächlich einige russische Standarten und Geschütze erobern. Die zweite Reihe konnte nicht einfach so feuern, denn sie hätte ihre Kameraden getroffen – durchaus kein seltenes Schicksal. Es gibt Schätzungen, wonach in frühneuzeitlichen Schlachten bis zu ein Viertel aller Gefallenen aus den eigenen Reihen getroffen wurde. Für einen Moment schien es, als könnten die Schweden mit ihrem rechten Flügel tatsächlich durchbrechen. Ihre Kavallerie setzte zur Attacke an – und wurde zurückgeschlagen.

Nun kam die zahlenmäßige Überlegenheit der Russen voll zum Tragen, und zwar am linken schwedischen Flügel, wo die Elite von Peters Truppen entgegenstand. Der Zar persönlich kommandierte diesen Abschnitt und befahl den Gegenangriff – der Legende nach soll dabei sogar eine Musketenkugel seinen Hut durchschlagen haben. Zu beobachten war nun eine Art Drehbewegung der ganzen Linie: Am einen Ende wichen die russischen Soldaten zurück, am anderen, wo Peter den Vorstoß leitete, die schwedischen. Als die schwedischen Reiter zur Unterstützung an den linken Flügel eilten, war die Infanterie schon zum Rückzug übergegangen. Die Schlacht war entschieden, die Russen drängten vorwärts und drohten, die ganze Linie aufzurollen. Das Einzige, was die schwedischen Offiziere jetzt noch tun konnten, war, im einsetzenden Chaos möglichst vielen Männern die Flucht zu ermöglichen.

Den gleichen Weg zurück konnten sie nicht nehmen, die Redouten waren besetzt, außerdem dominierte die russische Kavallerie mehr und mehr das Schlachtfeld. Die Schweden mussten sich durch den Wald durchschlagen, einen Abhang überwinden und einen Bach durchqueren – und dann hoffen, die acht Kilometer bis zum eigenen Tross zu überleben. Das sollte nur wenigen gelingen. Selbst Karl entkam nur mit knapper Not, weil seine Leibtrabanten aufopferungsvoll die für ihn gedachten Kugeln auffingen und er trotz großer Schmerzen doch noch auf ein Pferd stieg, das er dem schwer verwundeten Trabantenleutnant Johan Giertta (1666-1740) abverlangt hatte. Giertta schaffte es zu Fuß dennoch ins Lager, obwohl nun petrinische Kosaken gnadenlose Jagd auf die versprengten Flüchtlinge machten, und wurde ein halbes Jahr später geadelt – im Adelspatent ließ Karl wahrheitswidrig verkünden, Giertta habe auf sein Pferd freiwillig verzichtet.

Über 9200 Schweden starben in Poltawa gegenüber 1300 Russen. Die Russen zählten 3300 Verwundete, die Schweden lediglich 2900 – weil sich niemand um sie kümmerte und gerade einfache Soldaten kaum lohnende Gefangene waren, die häufig noch auf dem Schlachtfeld niedergemacht wurden. Offiziere dagegen wurden üblicherweise gegen Zahlung einer mehr oder weniger üppigen Summe von ihren Familien freigekauft. Je nach Rang konnte das aber durchaus dauern. Der wenig später festgesetzte Lewenhaupt beispielsweise, den seine Gegner mit höchstem Respekt behandelten, starb 1719 in Moskau, ohne seine Heimat je wiedergesehen zu haben. Der ebenfalls gefangengenommene Rehnskiöld hatte etwas mehr Glück. Er kehrte 1718 zurück, Carl Gustav Roos erst nach dem Friedensvertrag von Nystad 1721 – er starb allerdings auf der Rückreise nach Schweden. Ein hoher Rang sicherte allerdings nicht notwendigerweise das Überleben, denn viele Offiziere marschierten mit ihren Soldaten in der Linie: Von den zehn schwedischen Bataillonskommandeuren in Poltawa fielen sieben in der ersten halben Stunde des Hauptgefechts.

Die Verluste der Schweden betrugen fast 60 Prozent. Dass es nicht noch mehr wurden, lag auch an den Plünderungen, die nun begannen: Statt gezielt die Dragonerregimenter nachrücken zu lassen und das entstandene Chaos vollends zur Vernichtung des Gegners zu nutzen, machten sich die Russen über den zurückgelassenen schwedischen Besitz her. Fast alles besaß einen Wert, sogar die gegnerischen Uniformen ließen sich verkaufen. Im Feldlager bereitete Peter zugleich den gefangenen Generalen sowie dem ebenfalls gefangenen schwedischen Kanzler Carl Piper (1647-1716) ein Festbankett – das war eine Hommage an den würdigen Gegner ebenso wie der Versuch, etwas über die weiteren Pläne Karls zu erfahren.

Erst dann ließ er zur Verfolgung blasen. Die Schweden waren inzwischen abgezogen, Karl hatte noch am Nachmittag der Schlacht den Abmarsch befohlen und die Vorhut in Marsch gesetzt. Es blieb nur die Flucht nach Süden, entlang der Worskla, die nach knapp 100 Kilome-

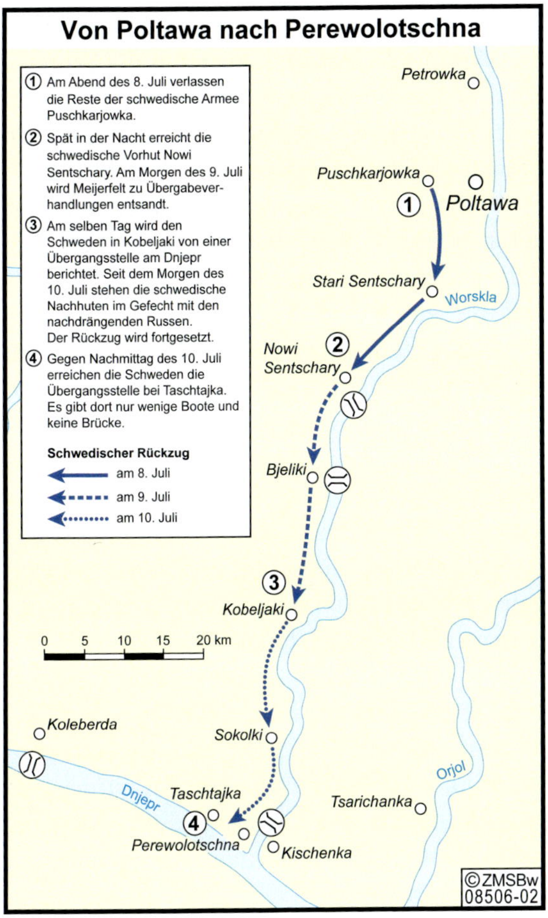

tern in den an jener Stelle fast zwei Kilometer breiten Dnjepr mündete. Rettung versprach das weit jenseits des Flusses liegende Gebiet der Osmanen, traditioneller Feinde Russlands, das freilich erst einmal erreicht werden musste. Erfolglos suchten Karls Späher einen Übergang über die Worskla, immer hart verfolgt von den nachdrängenden Russen. Es hätte wohl geeignete Furten gegeben, aber man wollte kein Anhalten des Trosses riskieren.

So jedoch kam es zur beinahe vollständigen Vernichtung, denn der Dnjepr ließ sich nicht einfach durchschreiten. Boote hingegen waren Mangelware und hätten erst gebaut werden müssen, was für viele tausend Wagen und nach wie vor rund 15 000 schwedische Soldaten und etwa 6000 Kosaken unter Masepas Kommando nicht auf die Schnelle zu erledigen war. Zugleich drängten die Russen nach. In Perewolotschna, am Ufer des Dnjepr, war offensichtlich, dass es für die Armee keinen Ausweg mehr gab. Lewenhaupt wollte eine letzte Schlacht schlagen. Er überzeugte den nach wie vor kranken König, sich selbst über den Fluss setzen zu lassen und weiter zu fliehen. Karl und Masepa retteten sich mit etwa 3000 Mann auf die andere Seite des Dnjepr.

Währenddessen sollten die völlig erschöpften und verzweifelten Reste des schwedischen Heeres erneut gegen die Russen antreten. Mit einem Sieg war nicht zu rechnen, denn zur inzwischen desaströsen Moral kam die ungünstige Topografie: Die Schweden lagerten am sandigen Flussufer, unterhalb eines Höhenrückens, auf dem die Russen sich näherten. Am 11. Juli, drei Tage nach der Niederlage bei Poltawa, stand der Gegner auf dem Plateau und drohte mit einem Sturmangriff. Nicht wenige Schweden verweigerten offen den Gehorsam und versuchten auf eigene Faust, in selbstgezimmerten Flößen oder nur auf ihren Pferden den Dnjepr doch noch zu queren – viele von ihnen ertranken.

Lewenhaupt kapitulierte angesichts der hoffnungslosen Situation und begab sich mit den verbliebenen annähernd 1000 Offizieren, 12 000 Soldaten und 6500 Zivilisten – darunter 1500 Frauen – in Gefangenschaft. Nur etwa 4000 von ihnen kehrten in die Heimat zurück, der letzte Soldat traf erst 1745 ein. Karl hatte eine Armee verloren – und rund ein Prozent der schwedischen Vorkriegsbevölkerung. Peter konnte sich angesichts einer Beute von 2 Millionen Talern des Armeeschatzes, weiterer 400 000 der verschiedenen Regimenter sowie 300 000 von Masepa Großzügigkeit gegenüber den Schweden erlauben, die deshalb einen Teil ihres persönlichen Besitzes behalten durften. Sie würden ihn brauchen, denn es war in der Frühen Neuzeit nicht üblich, dass Kriegsgefangene verpflegt wurden. Für ihren Unterhalt hatten sie bzw. ihr Staat aufzukommen, denn sie waren immer noch dessen Soldaten. Das kostete beträchtliche weitere Summen nach einer Niederlage, weil es den Männern bei ausbleibendem Sold nach vier Wochen freistand, die Seiten zu wechseln. Für die Schweden war also gesorgt. Die Kosaken hingegen wurden von den Russen gepfählt, gerädert oder gleich am Ufer niedergemetzelt. Als Verräter genossen sie keinen Schutz und hatten keine Gnade zu erwarten.

Kapitulation der schwedischen Hauptarmee bei Perewolotschna 10./11. Juli 1709

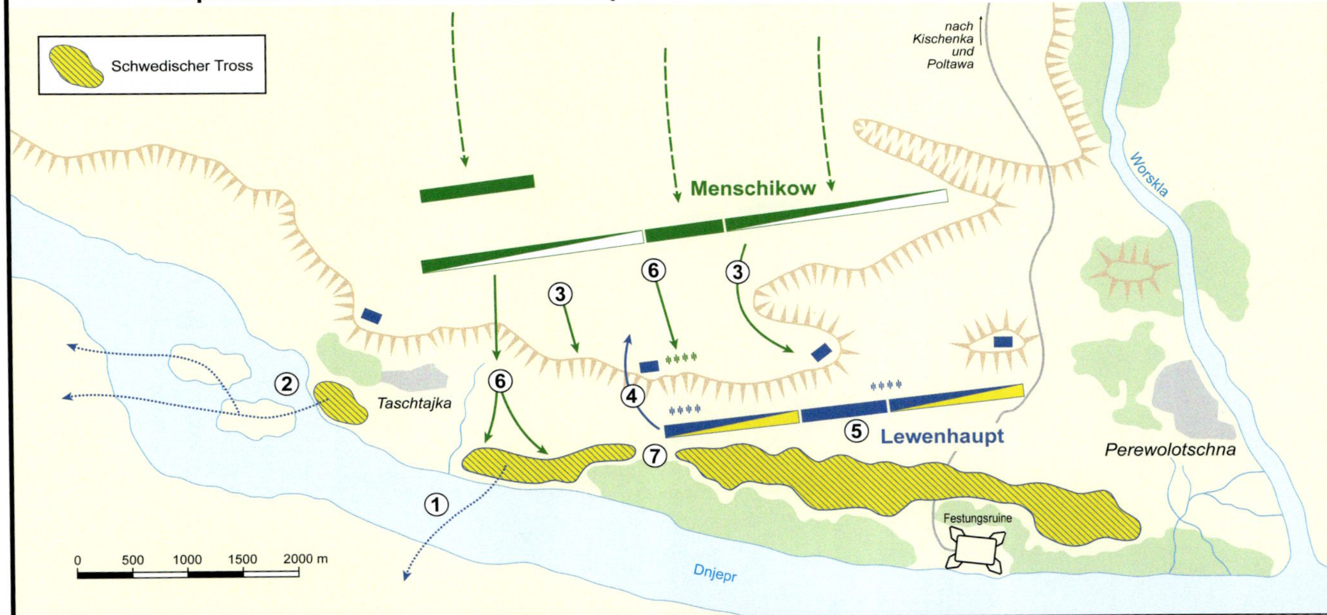

① Schwedische Truppenteile versuchen spontan den Fluß zu überqueren.

② In der Nacht zum 11. Juli setzt Karl der XII. in Begleitung von Masepa sowie 900 Schweden (Hofstaat/Eskorte) und 2 000 Kosaken bei Taschtajka über den Dnjepr.

③ In den frühen Morgenstunden des 11. Juli greifen russische Vorhuten die schwedischen Vorposten am Rand des Plateaus an.

④ Ein schwedischer Gegenangriff drängt die Russen vorläufig zurück. Der Aufmarsch des russischen Korps wird entdeckt.

⑤ Die schwedischen Hauptkräfte nehmen unterhalb des Steilhangs Aufstellung.

⑥ Die Russen setzen vom Rand des Plateaus Kanonen ein, während ihre Kavallerie die schwedischen Vorposten umgeht und den schwedischen Tross am Flußufer angreift.

⑦ Am 11. Juli um 11 Uhr kapituliert General Lewenhaupt.

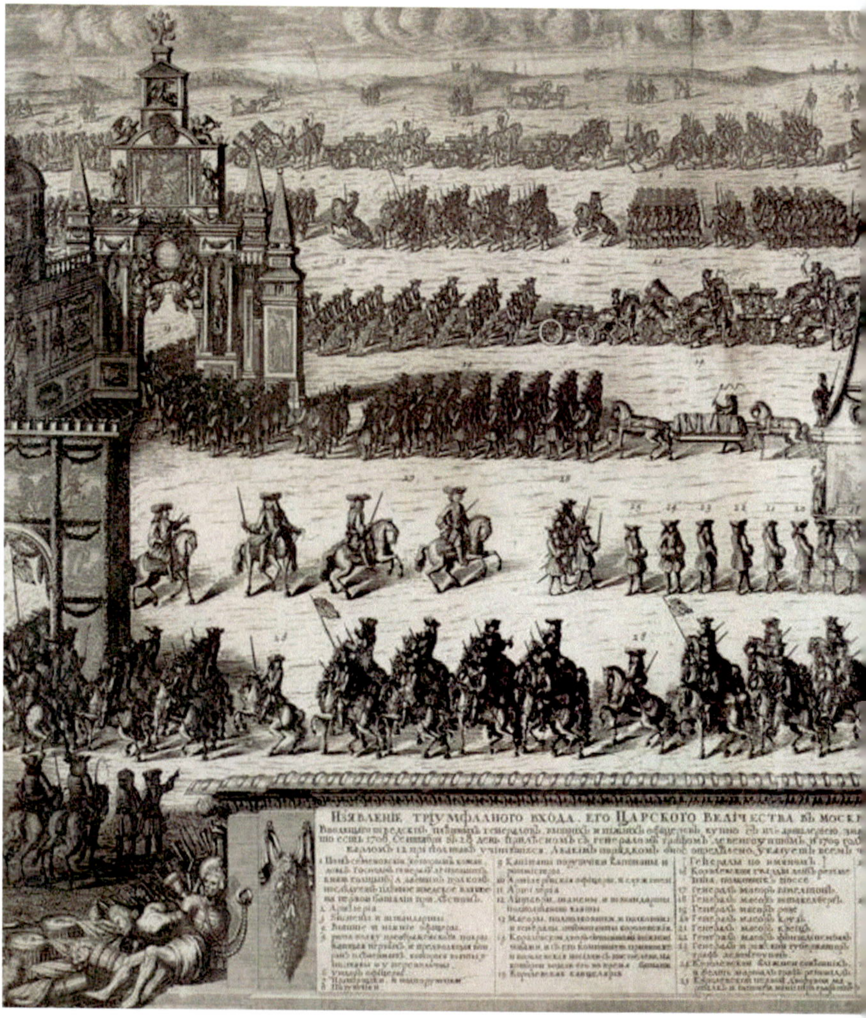

Karl und Masepa erreichten am 17. Juli 1709 den Südlichen Bug, die Grenze zum Osmanischen Reich. Die konnten sie nicht einfach überschreiten, sondern mussten zwei Tage auf die Einreiseerlaubnis des Paschas von Özü (heute das ukrainische Otschakiw) warten. Es kam zu einem weiteren Gefecht mit russischen Dragonern, die den Flüchtenden hart auf den Fersen waren: 6000 von ihnen fügten Karls Nachhut die nächste drastische Niederlage zu und töteten noch einmal 600 Mann. Mit weniger als 2500 Mann traf der schwedische König im heute

Triumphaler Einzug der siegreichen russischen Truppen in Moskau

in Moldawien gelegenen Bender ein. Während Masepa noch 1709 verstarb und der Aufstand seiner Kosaken ein blutiges Ende fand, schlug Karl sein Lager auf den Feldern vor der Stadt auf.

Er ahnte nicht, dass dieser Ort für über vier Jahre sein Exil sein sollte: einerseits, weil eine Heimreise durch feindliche Staaten für einen Monarchen kaum möglich war; andererseits, weil er die Osmanen von einem gemeinsamen Krieg gegen Russland überzeugen wollte. Karl dachte auch nach dem Desaster von Poltawa nicht an einen Friedensschluss.

Er wollte aus seinem »Carlopolis« oder »Neu-Stockholm« genannten Lager heraus mit Hilfe von zwei Handvoll Männern seiner Feldkanzlei nun endlich Diplomatie machen – freilich eher mangels militärischen Handlungsspielraums als aus echter Überzeugung.

Unterdessen ließ Peter seinen Sieg feiern und im ganzen Land Messen in den Kirchen lesen. Er hatte die Bedeutung des Sieges erkannt und war sich nun sicher, die Eroberungen im Baltikum behalten, ja mehr noch, dort weiter expandieren zu können. Entsprechend der wahrhaft europäischen Dimension des Krieges fiel der Triumphzug in Moskau am 21. Dezember 1709 bombastisch aus: Die Garderegimenter paradierten mit den erbeuteten Standarten des Feindes, begleitet von Kanonendonner und Musik. In gebührendem Abstand folgten zu Fuß die gefangenen schwedischen Offiziere, zunächst einfache Leutnants und Majore, ganz am Ende Lewenhaupt, Rehnskiöld und Piper.

Das war auch eine Leistungsschau, die der Selbstvergewisserung diente, denn Peter war klar, dass er zwar eine entscheidende Schlacht, aber noch nicht den Krieg gegen seinen unbeugsamen Rivalen Karl gewonnen hatte. Tatsächlich sollte der Konflikt bis zum Frieden von Nystad 1721 noch länger dauern als seit seinem Ausbruch 1700. Poltawa war zwar ein Wende- und Höhepunkt des Großen Nordischen Krieges, aber Schweden war durchaus noch handlungsfähig. Außer Karl sprach danach allerdings niemand mehr von einer Rückkehr zum Status quo von 1700. Stattdessen bürgerte sich im Russischen die Redewendung »Wie ein Schwede bei Poltawa« ein, um Hilflosigkeit angesichts einer Übermacht zu beschreiben. Daran sollte sich in den folgenden zwölf Jahren nichts grundlegend ändern.

➚ **Der Sommer 1710 brachte große Erfolge: Riga, Pärnu und Reval kapitulierten, Russland eroberte acht Festungen. *Riga schwört Russland Treue im Jahre 1710* – Gemälde von Alexander von Kotzebue, 1868**

7 Russische Dominanz im Osten

Peter nutzte den Erfolg in Poltawa für sein eigentliches Ziel: die Expansion im Baltikum. Stand keine schwedische Armee mehr in der Ukraine, waren seine Soldaten frei für einen Krieg im Nordwesten seines Reiches. Der Sommer 1710 brachte große Erfolge: Riga, Pärnu und Reval kapitulierten, Russland eroberte acht Festungen in jenem Jahr. Im fernen Bender musste Karl eine Hiobsbotschaft nach der anderen entgegennehmen. Im Gegenzug begann er einen Freibeuterkrieg, indem er seine Flotte anwies, jeden Handel aus den besetzten Gebieten zu unterbinden; die Aufbringung auch englischer und niederländischer Schiffe war freilich ein unfreundlicher Akt, der einmal mehr das mangelnde diplomatische Fingerspitzengefühl des Königs belegt.

In Russland waren abermals Feierlichkeiten angesagt, diesmal aber nicht mehr in Moskau, sondern für die Dauer von drei Tagen in Sankt Petersburg. Außerdem heiratete Peters Halbnichte Anna (1693-1740) den Herzog Friedrich von Kurland, was den dynastischen Anspruch auf dieses Gebiet untermauerte. Friedrich starb schon ein Jahr später, sodass

Anna die Regentschaft übernahm; 1730 wurde sie sogar nach dem Tode Peters II., des Enkels Peters des Großen, zur russischen Zarin gekrönt. Mit dieser Liaison der Romanows mussten Sachsens Aspirationen in Kurland als gescheitert gelten. Dennoch war August nach Poltawa endlich auf der Seite der Sieger: Stanisław Leszczyński verließ nach der Nachricht von Karls Niederlage mit den verbliebenen schwedischen Truppen Polen, und schon im August 1709 kehrte August II. dorthin zurück.

Im April 1710 wurde August wieder als polnischer König installiert – allerdings musste er seinen Gegnern Amnestie gewähren, um so den inneren Frieden des Landes wiederherzustellen. Diese Bedingungen zeigten die ungebrochene Stärke der polnisch-litauischen Magnaten, die ihrem Herrscher den Verzicht auf Rache diktiert hatten. Leszczyński blieb nichts anderes übrig, als diese neuen Realitäten anzuerkennen: 1712 verzichtete er formal auf seine Thronansprüche. Wie schon zu Anfang des Großen Nordischen Krieges achtete die Adelsrepublik nun wieder auf ihre offizielle Neutralität, anders als August, der als sächsischer Kurfürst sehr wohl weiter am Krieg teilnahm und endlich davon profitieren wollte.

Augusts Beziehung zum Bündnispartner Russland war wegen Peters Vorgehen in Kurland allerdings merklich abgekühlt. Außerdem sicherte sich der Zar in der Konföderation von Sandomierz weiterhin einigen Einfluss in Polen, was August ebenfalls nicht gefiel. Als Sachsen in den folgenden Jahren immer mehr Truppen in der Adelsrepublik stationierte – nicht zuletzt, um die Erhebung von Steuern durchzusetzen –, kam es 1715 zur Gründung einer neuen Konföderation in Tarnogród, die mit Rückendeckung Russlands einen Aufstand gegen August begann. Gleichzeitig unterstützte Peter aber August, was seine Stellung in der polnischen Innenpolitik weiter stärkte – er war der Schiedsrichter, der 1717 einen Frieden vermittelte, den der »Stumme *Sejm*« nur noch abnicken, aber nicht mehr diskutieren durfte. Das immerhin stabilisierte das Land, festigte die sächsische Position und ermöglichte in geringem Umfang Reformen, die jedoch nichts am russischen Einfluss änderten.

Allerdings war Peters Machtzuwachs keineswegs unausweichlich. Ganz im Gegenteil ging mit dem Erstarken seiner Position im Westen eine Schwächung seiner Herrschaft im Südosten – gegenüber den Osmanen – einher. Karl nämlich hatte von seinem Lager in Bender aus Sultan Ahmed III. von einem Feldzug gegen Russland überzeugen können: Mit seiner Hilfe sei ein Sieg realistisch, gemeinsam könne man den Zaren schlagen. Zwar herrschte zwischen Moskau und Konstantinopel seit 1700 Friede – was Peter überhaupt erst den Krieg gegen Schweden ermöglicht hatte –, aber zuvor hatten die Osmanen eine Niederlage er-

Sultan Ahmed III. (1673–1736), den Karl von einem Feldzug gegen Russland überzeugen konnte.

In Bender, in der heutigen Republik Moldau, lebte Karl XII. mehrere Jahre im Exil.

litten. Auf Revanche drängte insbesondere der einflussreiche, mit dem Sultan verbündete Khan der Krimtataren, der sich starkem russischem Druck ausgesetzt sah und schon zuvor Fühlung mit Karl aufgenommen hatte. Weil Peter bei seiner Verfolgung Karls in Moldau einmarschiert war, das Teil des Osmanischen Reiches war, und so heftig auf dessen Auslieferung pochte, dass der Sultan seinen Botschafter ins Gefängnis werfen ließ, erklärte man einander den Krieg.

Peter beschloss, in die Offensive zu gehen, denn er hatte keine Hilfe aus dem Westen zu erwarten. Allerdings kam der russische Vormarsch nicht wie geplant voran. Im Juli 1711 schlossen die Osmanen südlich von Jassy das russische Lager ein und begannen mit der Belagerung; angesichts ihrer zahlenmäßig deutlichen Überlegenheit war Peter froh über

Das Handgemenge von Bender und Karls Rückkehr nach Nordeuropa
Karl war den Osmanen 1713 mehr als lästig geworden. Er mischte sich in ihre Außenpolitik ein, drängte ständig auf einen Krieg mit Russland, hatte jedoch als Verbündeter in den Augen der Pforte wenig zu bieten: Die Schweden blieben in Europa nach Poltawa in der Defensive. Ahmed III. wollte seinen Gast loswerden und bot ihm 600 000 Taler für die Abreise, doch der zeigte keinerlei Aufbruchswillen – nach wie vor war Karl auf einen neuen Feldzug gegen Peter aus. Er wollte ihn von Süden her bedrohen, um seinen Generalen im Nordosten einen entscheidenden Schlag zu ermöglichen.

Der Sultan ordnete deshalb die Festnahme des Königs an und entsandte dafür annähernd 10 000 Mann nach Bender. Doch während sich die polnischen und kosakischen Truppen nach deren Eintreffen aus dem Lager zurückzogen, bereitete sich Karl mit 300 Getreuen auf die Verteidigung des Gutshofes vor, in dem er inzwischen wohnte. Sieben Stunden dauerte die Belagerung, weil die Janitscharen des Sultans nicht mit äußerster Gewalt vorgehen wollten. In die schwedische Geschichte ging diese Episode am 31. Januar 1713 als Handgemenge von Bender ein – sie endete mit einer Schusswunde an Karls Ohr, seiner Festnahme und dem Transport nach Didymoticho an der heutigen griechisch-türkischen Grenze.

Das Exil hatte sich in eine Gefangenschaft verwandelt, selbst wenn diese durchaus königlich und großzügig ausfiel. Erst im Oktober 1714 kehrte Karl nach Nordeuropa zurück: Nachdem die Osmanen ihn und sein Gefolge bis zur österreichischen Grenze eskortiert hatten, wagte er, nur in Begleitung eines Adjutanten, eine 15-tägige Reise per Postkutsche und auf dem Pferderücken von Pitești ins damals schwedische Stralsund. Das waren über 2150 Kilometer, die er größtenteils inkognito zurücklegte, weil es auch durch feindliche Gebiete ging. Für einen frühneuzeitlichen Monarchen war es eine äußerst schnelle Reise, wie sie sonst nur Postkuriere schafften.

Vier weitere Jahre sollte Karl Krieg führen, ohne je seine Hauptstadt Stockholm wieder zu betreten. Den größten Teil seiner wachen Zeit hatte er seit 1700 auf dem Pferderücken verbracht, bei Inspektionen und Instruktionen. Er hatte dabei eine recht schlichte, blaue Uniform und keine Perücke getragen, was bei den damaligen Eliten ziemlich unüblich war. Und mehr noch: Karl lebte fast immer in einem Zelt, nicht vollkommen spartanisch, aber doch vergleichsweise einfach, was ihm den Respekt und die Zuneigung seiner Soldaten einbrachte. Noch 1716 schrieb der Soldat Erik Vitlock an seinen Pfarrer in Nyköping: Gott sei dafür gedankt, dass »wir unsern gnädigen König mit uns haben. Er kümmert sich sehr um uns«.

Spielte eine Schlüsselrolle bei der Ablösung des Großwesirs: Katharina I., ab 1724 Zarin von Russland, Gemälde von Jean-Marc Nattier, 1717

ein Friedensangebot des gegnerischen Heerführers, Großwesir Baltajı Mehmed Pascha. Der wiederum hatte bei der Belagerung bereits größere Verluste hinnehmen müssen, vor allem aber wenige Tage zuvor seinen Nachschub durch einen russischen Gegenschlag verloren. Beide Seiten waren sich der bedrängten Lage des jeweiligen Gegners nicht bewusst, weshalb der Friedensschluss vom Pruth letztlich konsequent erschien. Er fiel zugunsten Konstantinopels aus: Russland musste die Festung Asow zurückgeben, seine Schwarzmeerflotte abschaffen und zwei weitere Festungen schleifen; außerdem verpflichtete es sich, die Rückkehr Karls aus seinem Exil nicht zu behindern und sich aus polnischen Angelegenheiten herauszuhalten.

Nichts davon war wirklich ein dramatisches Zugeständnis für Peter, der folgerichtig notierte: »Nicht ohne Traurigkeit verliere ich diese Orte, in die so viele Mühen und Opfer investiert wurden, aber der Verlust bedeutet eine Stärkung auf der anderen Seite, was ein unvergleichlicher Gewinn für uns ist.« Das war auch die Deutung Karls, der hinfort Sultan Ahmed davon zu überzeugen suchte, dass der Friede ganz und gar nachteilig für ihn sei. Er intrigierte gegen den Großwesir und warf ihm die Annahme einer Bestechung Peters vor: Es war dessen zweite Ehefrau gewesen, die aus dem eroberten Baltikum stammende spätere Zarin Katharina I., welche die Übergabe einer größeren Summe an Baltajı Mehmed Pascha arrangiert hatte. Karl erwirkte die Ablösung des Großwesirs und eine weitere Kriegserklärung an Russland, der nach kleineren Gefechten kurz darauf ein Friedensschluss folgte, weil die Hohe Pforte nicht ernsthaft an einem Konflikt interessiert war. Der Vertrag von Adrianopel bestätigte 1713 den Frieden vom Pruth, was auch im Interesse Russlands lag, zumal Peter die Neutralitätsverpflichtung gegenüber Polen problemlos ignorieren konnte.

Ganz im Westen seines Reiches konnte der Zar außerdem Finnland erobern. Er hatte eine große Galeerenflotte bauen lassen, mit der er im Mai 1713 bei Helsinki gelandet war. Peters über 15 000 Marinesoldaten waren den schwedischen Kräften fünffach überlegen, weshalb diese sich schnell zurückzogen und bald auch die damalige finnische Hauptstadt Turku aufgeben mussten. Im nächsten Frühjahr gelang den Russen bei Storyko ein Sieg über eine schlecht ausgerüstete, demoralisierte und zahlenmäßig unterlegene schwedische Armee, was in Verbindung mit der Eroberung der Ålandinseln die Besetzung Finnlands bis Ende des Großen Nordischen Krieges besiegelte. Diese Zeit sollte als »Großer Unfrieden« bekannt werden: Zehntausende Finnen wurden als Arbeiter nach Russland verschleppt, hohe Kontributionszahlungen belasteten die Bauern, und eine Art Guerillabewegung führte zu brutalen Gegenreaktionen.

↗ Friedrich IV. von Dänemark wurde in Dresden mit großer Prunkentfaltung empfangen. *Aufzug der Wagen und Reiter zum Damenringrennen am 6. Juni 1709 in Dresden.* Gemälde von C.H. Fritzsche, 1710

8 Kampf um den schwedischen Besitz im Reich

In Schweden hatten sich die Dinge seit Karls Aufbruch nach Russland wenig vorteilhaft entwickelt. Die Ernten 1708 und 1709 waren schlecht gewesen, 1710 brach zum letzten Mal in Europa die Pest aus, die bis 1712 100 000 bis 150 000 Opfer in einem Land forderte, das auch ohne die auszehrenden Rekrutierungen kaum 1,5 Millionen Einwohner zählte. Zugleich störten dänische Truppen den Handel, und weil Dänemark inzwischen beide Seiten des Öresunds kontrollierte, verringerten sich die Einnahmen Stockholms drastisch. Karl hatte seine Verwaltung daher angewiesen, die Steuern zu erhöhen: 1713 etwa gab es eine Kopfsteuer von zwei Prozent des gesamten Besitzes, zu dem sogar die Kleidung auf dem Leib gezählt wurde. Das war drastisch und ungewohnt, aber es war zugleich eine Reform, denn sie legte das Individuum den Berechnungen zugrunde, nicht mehr nur Status und Standeszugehörigkeit. Die Menschen freilich, Karls Hofrat inbegriffen, hatten auf einen Frieden gehofft.

Einen Frieden wollten sie auch deshalb, weil der Krieg in Nordeuropa in Karls Abwesenheit weitergeführt wurde – nicht zuletzt sahen seine Rivalen nun die große Chance, endlich ihre territorialen Ambitionen zu verwirklichen. Schon im Mai und Juni 1709 war Friedrich IV. von Dänemark in Dresden mit rauschenden Festen und großer Prunkentfaltung empfangen worden. Es ergab sich ein weiterer Angriffsvertrag zwischen Dänemark und Sachsen, und im Oktober erneuerte man die alte Allianz mit Russland. Erfolge blieben zunächst aus, denn auf eine Landungsoperation der Dänen im November 1709 folgten ein Sieg der Schweden in Helsingborg im März 1710 sowie der Rückzug der Dänen, immerhin ohne größere Verluste. Der Öresund war seit Oktober, als ein weiterer Landungsversuch noch auf See zurückgeschlagen wurde, die unangefochtene Grenze zwischen beiden Staaten. Das galt umso mehr, als die Pest weitere Invasionsversuche gefährlich erscheinen ließ.

Auf dem Festland war den Verbündeten zunächst ebenfalls kein Sieg gegen die Schweden beschieden, weil die stark gesicherten Festungen Wismar, Stralsund und Stettin Letzteren immer wieder das Anlanden von Nachschub erlaubten. Tatsächlich war es wesentlich schneller und einfacher, aus Stockholm Truppen übers Meer zu senden, als sie aus Sachsen oder Dänemark dorthin marschieren zu lassen. England, die Niederlande und Österreich versuchten, den Krieg aus deutschen Landen fernzuhalten, doch die Parteien des Großen Nordischen Krieges waren an der Neutralität ihrer dortigen Besitzungen gar nicht interessiert – für Karl hätte es das Eingeständnis einer Niederlage bedeutet, während Dänemark und Sachsen bisher keine Gewinne aus zehn Jahren voller menschlicher und finanzieller Opfer gezogen hatten.

Im August 1711 traten deshalb dänische, sächsische und auch russische Truppen unter Menschikow zum ersten und einzigen gemeinsamen Vorgehen der Alliierten bei der Belagerung von Stralsund und Stettin an. Wirklich aufeinander abgestimmt hatten sie ihre Strategie allerdings nicht, weshalb es den 30 000 Angreifern an Munition und vor allem an Verpflegung mangelte – sie konnten die 9000 Verteidiger nicht überwinden, sondern mussten sich nach einigen Monaten unverrichteter Dinge in ihre Winterquartiere begeben. Im nächsten Sommer suchte Dänemark sich deshalb ein leichteres Ziel, das schwedische Herzogtum Bremen-Verden, zu dem die Freie Hansestadt Bre-

Erhielt das schwedische Herzogtum Bremen-Verden: Georg I., König von Großbritannien (1660–1727), Kurfürst von Hannover. Gemälde von Godfrey Kneller

men nicht gehörte. Im Oktober 1712 glückte die Eroberung. Sie blieb jedoch nicht von langer Dauer, denn Georg Ludwig, der Kurfürst von Hannover, war gar nicht begeistert von seinen neuen Nachbarn. Er wurde 1714 als George I. zugleich König von Großbritannien, was sein Machtpotenzial deutlich vergrößerte. Dank der Rückendeckung Preußens konnte er so viel diplomatischen Druck ausüben, dass Bremen-Verden 1715 gegen eine Ausgleichszahlung in seinen Besitz überging – und damit weder an Schweden zurückgegeben wurde noch bei Dänemark verblieb.

Die dänischen Truppen, die im Herbst 1712 über die Schweden in Verden triumphiert hatten, mussten sich im Dezember einem weiteren Gefecht mit ihrem Gegner stellen: Unter Magnus Stenbock war eine schwedische Armee mit rund 15 000 Mann aus dem belagerten Stralsund ausgebrochen, weil zwar über See neue Soldaten eingetroffen waren, die dänische Flotte aber die Verpflegung und einen größeren Teil der Artillerie abgefangen hatte. So viele Menschen konnten in der eingeschlossenen Stadt nicht überwintern, aber ihre Kampfkraft war so beträchtlich, dass sie eine offene Feldschlacht nicht scheuen mussten. Nach längerem Manövrieren, da die sächsischen Belagerer das Gefecht nicht annehmen wollten, traf Stenbock auf die aus Bremen-Verden in seine Richtung ziehenden Dänen – etwa 15 000 Mann, zu denen während der Schlacht noch rund 3000 Sachsen stießen.

In Gadebusch, ganz im Westen Mecklenburgs, kam es am 20. Dezember 1712 zum Kampf. Es war fast wie in den glorreichen Schlachten Karls vor Poltawa: Die schwedische Kavallerie warf die dänische; die Sachsen flüchteten beim ersten gegnerischen Feuerstoß und entblößten die Artillerie ihrer Verbündeten; und der Nahkampf der Infanterie war ganz nach dem Geschmack der angreifenden Schweden. Die dänischen Fußsoldaten leisteten durchaus Widerstand und gingen vereinzelt zum Gegenstoß über, konnten das Steuer aber nicht mehr herumreißen. Sie erlitten mit fast 3000 Toten und nochmals annähernd so vielen Gefangenen die höchsten Verluste. Dahinter blieben die Sachsen mit rund 750 Gefallenen und 100 Gefangenen zwar zurück, sie hatten aber dennoch fast ein Viertel der Soldaten verloren.

Für Stenbock sollte sich Gadebusch allerdings als Pyrrhussieg erweisen. Zwar überlebten bei nur 1500 Toten und Verwundeten die allermeisten seiner Männer, doch die Versorgungslage war angespannter als zuvor – fehlende Pferde schränkten den Aktionsradius ein und die Versorgung der Kranken erwies sich als Bürde im einsetzenden Winter, weil an ein sicheres Quartier sowie an Nachschub nicht zu denken war. Ganz anders war die Situation der Dänen, die sich nicht weit von heimischen Gefilden entfernt hatten und deren Kavallerie weitgehend einsatzfähig geblieben war. Stenbock beschloss, getreu der schwedischen Militärdoktrin dem Gegner nachzusetzen, zumal in dieser Richtung das verbündete Herzogtum Holstein-Gottorf lag.

Zum dänischen Herzogtum Holstein gehörte die Stadt Altona, die damals noch nicht Teil Hamburgs war. Als zweitgrößte Stadt im Machtbereich von Friedrich IV. war sie von hoher wirtschaftlicher Bedeutung. Dies brachte den vormaligen schwedischen Gouverneur von Bremen-Verden, Mauritz Vellingk, dazu, Stenbock zu einem Angriff zu überreden. Bereitwillig marschierten die Schweden in Altona ein und verlangten eine hohe Kontribution, welche die Bürger nicht aufbringen konn-

Der schwedische General Magnus Stenbock während der Schlacht von Helsingborg.

ten. Stenbock forderte die Bewohner daraufhin auf, die Stadt zu verlassen, und ließ Letztere gezielt niederbrennen. Fast 1000 Häuser fielen dieser als Einäscherung von Altona bekannten Feuersbrunst am 20. Januar 1713 zum Opfer; lediglich drei Kirchen und etwa 30 Gebäude blieben unversehrt.

Allgemein galt dieser Akt den Zeitgenossen als Kriegsverbrechen. Zwar gab es keine völkerrechtlichen Sanktionen, aber die Zerstörung Altonas bot einen weiteren Vorwand für Staaten wie Brandenburg, sich in den Großen Nordischen Krieg einzumischen. Der militärische Niedergang der Schweden weckte allerorten Expansionsgelüste, denn die Gelegenheit war günstig, die deutschen Besitzungen Karls aufzuteilen. Nach Poltawa verschob sich also der Hauptschauplatz des Konflikts von Ost nach West. Zugleich waren viel mehr Parteien involviert bzw. wieder aktiv als vorher.

Stenbock bedauerte später die Zerstörung Altonas – seiner Ansicht nach wurde er danach vom Pech verfolgt, weshalb ihm keine weiteren militärischen Siege mehr gelangen. Ob er an diese Erklärung glaubte oder sie eher eine Ausrede war, kann dahingestellt bleiben. Fest steht, dass seine Truppen beim weiteren Marsch nach Norden auf eine deutlich verstärkte Koalitionsarmee aus Dänemark, Sachsen und Russland trafen, der sie sich durch einen Rückzug ins Herzogtum Holstein-Gottorf zu entziehen suchten. Obwohl offiziell neutral, nahm man dort den einstigen Verbündeten auf und gewährte ihm Zuflucht in der Festung Tönning, die allerdings in keiner Weise auf eine Belagerung vorbereitet war. Zu den weit über 12 000 Schweden und knapp 1500 holstein-gottorfschen Soldaten kamen noch einmal annähernd so viele Zivilisten, die allesamt sehr bald unter Hunger litten. Gegen eine fast dreifache Übermacht konnten sie nichts ausrichten, außerdem gab es keine Fluchtmöglichkeiten. Stenbock blieb am 16. Mai 1713 nur die Kapitulation. Und wie schon beim Feldzug nach Poltawa war Karl nicht gewillt, seine knappen finanziellen Ressourcen für die Auslösung der Gefangenen aufzuwenden. Stenbock starb deshalb 1717 in Kopenhagen.

Immerhin hatte Stenbocks Aufgabe es den in der eingeschlossenen Stadt verbliebenen Holstein-Gottorfern ermöglicht, das Eingeständnis ihrer Niederlage bis Februar 1714 hinauszuzögern. Dänemark nutzte seinen Sieg zu Gebietsarrondierungen in Holstein und schaltete Gottorf als Bedrohung unter anderem durch die Schleifung der Festung

Tönning dauerhaft aus. Die Hauptstreitmacht der Nordischen Allianz war zu diesem Zeitpunkt schon längst wieder nach Westpommern abmarschiert. Auf dem Weg dorthin brannten russische Truppen zunächst Gartz und Wolgast nieder – offiziell als Vergeltung für Altona –; Anklam und Demmin verschonten sie nur dank der Intervention König Friedrichs IV. Außer dem schwer befestigten Stralsund war den Schweden von ihrem pommerschen Besitz noch Stettin verblieben. Anfang August 1713 begann die Belagerung der Stadt an der Oder.

In auswegloser Lage suchten die Eingeschlossenen eine diplomatische Lösung und verständigten sich mit den Angreifern auf eine sogenannte Sequestration: Stettin erhielt einen neutralen Verwalter, der dafür die Sieger Sachsen und Russland finanziell zu entschädigen hatte; nach einer Übergangsperiode sollte Schweden die Stadt wieder auslösen können. Das war eine übliche Vorgehensweise in der Frühen Neuzeit, die sich meist als sehr günstig für den »neutralen« Verwalter erwies, der oft Mittel und Wege fand, seine temporäre in eine dauerhafte Herrschaft umzuwandeln. So sollte es auch diesmal kommen: Stettin

Altona wird im Großen Nordischen Krieg 1713 belagert und in Brand gesetzt. Kupferstich, 1736

ging an Preußen – weil Peter seine ursprüngliche Idee fallen ließ, dem nicht an der Schlacht beteiligten Dänemark die Statthalterschaft zu übergeben. Er fühlte sich von Friedrich IV. nicht genügend unterstützt und schrieb über die Dänen an Menschikow, der die russischen Truppen vor der Stadt kommandierte: »Sie widmen dem Protokoll mehr Aufmerksamkeit als dem eigentlichen Geschäft.«

Für Preußen war dies der Anfang seiner über 200-jährigen Herrschaft über Vorpommern. Als Karl aus dem Exil zurückkehrte, wollte Preußenkönig Friedrich Wilhelm I. seine Kosten von ihm erstattet haben, aber der schwedische König teilte ihm brüsk mit, dass er den Vertrag über Stettin weder anerkenne noch zu zahlen gedenke – die Stadt aber als seinen Besitz betrachte. Das wiederum trieb die Preußen in die Reihen seiner Gegner. Die verweigerte Zahlung führte außerdem gemäß den durch den vormaligen schwedischen Kommandanten Johan Meyerfeld unterzeichneten Bedingungen zum allseits anerkannten Herrschaftswechsel von Stettin. Der Soldatenkönig genannte Friedrich Wilhelm hatte mit diplomatischem Geschick – und wegen der Sturheit Karls – die Herrschaft über Vorpommern erlangt, die dem Großen Kur-

Wappen des Preußenkönigs Friedrich Wilhelm I. (1688–1740) am Berliner Tor in Stettin

fürsten im (kleinen) Nordischen Krieg von 1674 bis 1679 verweigert worden war.

Preußen wurde somit 1715 zum Kriegsteilnehmer. Wieder einmal hatte Karl im April jenes Jahres die Offensive gesucht und mit wenigen Truppen die preußisch verwaltete Insel Usedom erobert, woraufhin seine Feinde entschlossener denn je waren, endlich Stralsund und Wismar zu erobern, die letzten beiden Bastionen der Schweden außerhalb ihres Kernlandes. Sie begannen im Juni mit der Belagerung, wobei zu den rund 10 000 Verteidigern Stralsunds anfangs auch Karl selbst zählte. Die 25 000 Angreifer aus Sachsen, Dänemark und Preußen machten sich systematisch ans Werk, die Zugänge der Stadt zu kontrollieren, und besetzten zunächst Usedom und Rügen, um jegliche Nachschubmöglichkeiten für die Schweden zu unterbinden. Einen Sturmangriff auf die Festung, die zu den besten der damaligen Zeit zählte, unterließen sie zunächst und beschränkten sich auf die Bombardierung. Immer wieder gelangen ihnen kleine Geländegewinne, und als am 18. Dezember noch ein Ausfall Karls zurückgeschlagen wurde, stand der Sieg nahe bevor.

Der schwedische König bestieg am darauffolgenden Tag das letzte im Hafen liegende Schiff, das mit viel Glück die dänische Sperre durchbrechen und nach Schonen entkommen konnte. Ohne den unbeugsamen Karl konnten die Belagerten in Kapitulationsverhandlungen eintreten und diese noch vor Weihnachten abschließen. Der Sieg war vor allem das Verdienst Sachsens. Über dessen General August von Wackerbarth schrieb der preußische König: »Ich muss demselben billig den Ruhm beilegen, dass man ihm vornehmlich die glückliche Eroberung von Stralsund zuzuschreiben habe.« Dennoch wurde die Stadt in dänische Verwaltung gegeben, während sich die Preußen den größten Teil der beweglichen Güter sicherten. Wismar, das erst im April 1716 fiel und nicht erobert wurde, sondern schlicht vor Hunger kapitulierte, ging ebenfalls an die Dänen.

↗ Nahe dem finnischen Hanko trafen am 7. August 1714 über 90 russische Galeeren auf eine schwedische Flottille aus elf kleineren Schiffen. Gemälde, 1724

9 Seekriegführung in der Ostsee

Zu Beginn des 18. Jahrhunderts war die Ostsee ein schwedisches Meer: Kein anderer Staat hatte annähernd so viele ihrer Küstengebiete unter seiner Herrschaft. Für Dänemark und Russland war der Zugang zu diesem Gewässer der Kriegsgrund – Kopenhagen wollte ihn kontrollieren und Moskau ihn überhaupt erst erlangen. Stockholm hingegen nutzte in den ersten zehn Jahren des Konflikts das Meer als Drehscheibe für seine Truppenverschiebungen. Die Schlachten fanden an Land statt, aber den Nachschub ließ Karl von seiner kompetenten Marine über See transportieren – das Meer war kein Hindernis, sondern erlaubte überhaupt erst so etwas wie eine Integration des weitverzweigten schwedischen Besitzes. In vormodernen Zeiten waren Schiffe das schnellste und zuverlässigste Beförderungsmittel.

1700 hatte Karl mit einer Landungsoperation bei Kopenhagen für das zeitweilige Ausscheiden der Dänen aus dem Krieg gesorgt. Zu einem Kampf auf dem Meer war es dabei nicht gekommen, das sollte erst nach

Poltawa der Fall sein. Zwar waren das keine großen Seeschlachten, sondern kleinere Gefechte, aber die dabei erlittenen Niederlagen trugen dazu bei, dass Schweden nicht mehr erfolgreich an Land agieren konnte. Wie so viele Dinge hatte Karl auch seine Marine vernachlässigt und Ressourcen ausschließlich für sein Heer aufgewendet.

Die Hochseeflotte aus Karlskrona richtete sich vor allem gegen die dänischen Segler, war aber auch gegen die Handelsschiffe einsetzbar, welche die baltischen Häfen anliefen und die Karl als Blockadebrecher betrachtete. Zwischen 1710 und 1714 brachte seine Marine Hunderte

Boote auf, davon allein 136 aus England, was dort für einige Verstimmung sorgte, selbst wenn längst nicht alle Schiffe beschlagnahmt wurden. Und während schwedische Freibeuter bis in die Biskaya und die Irische See Jagd auf ihre Feinde machten, drohte Karls eigenen Handelsschiffen das gleiche Schicksal von russischer und dänischer Seite.

Als Schweden 1712 eine Armee nach Pommern verschiffte, gelangten die Soldaten unbeschadet übers Meer. Ausrüstung und Proviant waren jedoch noch nicht entladen, als der schwedische Admiral Hans Wachtmeister (1641-1714) am 27. September beschloss, die dänische Flotte zur Schlacht zu stellen. Sein Gegenspieler Ulrik Christian Gyldenløve (1678-1719) aber navigierte an den Angreifern vorbei und griff zwei Tage später die ungeschützten schwedischen Schiffe mit dem Nachschub an – nur wenigen gelang die Flucht. Dänemark erlitt keine Verluste, während sechs gegnerische Frachter in Schweden aufs Ufer aufsetzten, weil sie befürchteten, es nicht in einen rettenden Hafen zu schaffen.

Im Frühjahr 1715 war es erneut Wachtmeister, der ein kleines Geschwader aus vier Linienschiffen und zwei Fregatten kommandierte, das Verbindungen zwischen Dänemark und Russland unterbinden sollte. Kopenhagen entsandte daraufhin acht Linienschiffe und drei Fregatten, die am 24. April Kurs auf die vor Fehmarn liegenden Schweden nahmen. Mehr als 500 dänische Kanonen standen gegen etwa 300 der Schweden. Letztere erhielten viele Treffer und zogen sich zurück. Wachtmeister befahl die Selbstversenkung, damit seine Schiffe nicht in Feindeshand fielen, wurde aber zuvor vom dänischen Fregattenkapitän Peter Wessel geortet. Wessel verhandelte eigenmächtig und teilte mit, er werde den schwedischen Matrosen kein Pardon gewähren, wenn sie sich selbst versenkten. Die Drohung wirkte – die Schweden übergaben ihre Schiffe. Wessel wurde später unter dem Namen Tordenskiold (›Donnerschild‹) geadelt und gilt bis heute in Dänemark als Seeheld, der 1626 Gefangene machte.

Lediglich das schwedische Flaggschiff, die Prinsessan Hedvig Sofia, sank auf den Meeresboden. Das in Karlskrona von den Engländern Francis John Sheldon und seinem Bruder Charles konstruierte Boot war 1692 zu Wasser gelassen worden. Mit 47,5 Meter Länge bei 12,2 Meter Breite trug es 400 Mann Besatzung, 70 Marinesoldaten und 80 Kanonen. Die Überreste dieses einst prächtigen Schiffs können heute auf dem Grund der Kieler Förde bewundert werden: Unterwasserarchäologen haben

Ziegelsteine aus dem Ballast, 20 Kanonenrohre, Rumpfplanken und andere Wrackspuren dokumentiert.

In Stockholm hatte man der Flottenrüstung in Sankt Petersburg und Kronstadt wenig Beachtung geschenkt: Aus einer Flotte von wenigen, nicht bemerkenswerten Booten noch um die Jahrhundertwende wurden bis 1720 immerhin 34 russische Linienschiffe, 15 Fregatten und eine große Anzahl Galeeren – mehr Schiffe, als Dänemark und Schweden zusammen besaßen. Gerade die Galeeren Peters sollten sich in den Gewässern von Baltikum und Bottnischem Meerbusen den schwedischen Linienschiffen als überlegen erweisen, weil sie viel wendiger und flexibler einsetzbar waren. Schweden hatte dort im 16. und 17. Jahrhundert selbst eine ähnliche Strategie verfolgt, aber diese Erfahrungen waren nun anscheinend in Vergessenheit geraten.

Nahe dem finnischen Hanko trafen am 7. August 1714 über 90 russische Galeeren auf eine schwedische Flottille aus elf kleineren Schiffen. Zwar führte die numerische Überlegenheit der Angreifer dazu, dass

Knapp 300 Jahre lang lag die »Prinsessan Hedvig Sofia« unbemerkt am Ostseegrund bei Kiel. 2008 entdeckten Taucher das Wrack des Kriegsschiffes.

nicht alle Galeeren gleichzeitig feuern konnten, aber die Schweden hatten ebenfalls mit Platzproblemen zu kämpfen: Sie hatten ihre Flottille keinesfalls schutzlos entsandt, jedoch waren die 16 sie begleitenden großen Linienschiffe in den flachen Gewässern der Halbinsel schlicht nicht in der Lage, in das Gefecht einzugreifen. Ihre Besatzung musste die Niederlage ihrer Kameraden auf den kleineren Booten hilflos mit ansehen. Zar Peter, der persönlich die russischen Schiffe kommandierte, war auf seinen Sieg sehr stolz und feierte ihn als Beginn der russischen Marinetradition.

Dessen militärische Bedeutung ist überschaubar, aber immerhin war von nun an klar, dass Galeeren weitgehend ungehindert in den Gewässern zwischen Sankt Petersburg und Stockholm operieren konnten. Die schwedische Hochseeflotte war nicht in der Lage, sie aufzuhalten. Im Sommer 1719 entsandte Peter deshalb 130 Galeeren gegen die schwedische Küste zwischen Norrköping und Gävle. Tausende Bewohner flohen ins Landesinnere, es kam zu Plünderungen. Einmal mehr war die kleine Ostsee das Gebiet, auf dem sich Soldaten – und Güter – am schnellsten verlegen ließen. Und nur darum ging es in den Seeschlachten: diesen Transfer zu unterbinden.

Im Triumphzug werden eroberte schwedische Schiffe nach der Schlacht nach Sankt Petersburg gebracht. Der Sieg bei Hanko wurde von Zar Peter zum Beginn der russischen Marinetradition stilisiert.

➚ Mit dem in Nystad, der finnischen Kleinstadt Uusikaupunki, geschlossenen Friedensvertrag vom 10. September 1721 wurde der Große Nordische Krieg beendet.

10 Der Friede von Nystad

Karl XII. begann nach seiner Flucht aus Stralsund sofort damit, die nächste Offensive zu planen. Das schwedische Imperium war Ende 1715 beinahe auf das Territorium des Mutterlandes geschrumpft und von den vielen Jahren des Krieges ausgeblutet. Aber der König wollte einen Frieden nur dann akzeptieren, wenn er das untergehende Reich vollständig wiederherstellte.

Doch ohne einsatzfähige Flotte blieben Landungsoperationen an den Küsten der Ostsee Wunschdenken. Karl beschloss daher, mit einem neuen Heer nach Norwegen zu ziehen, das seit Jahrhunderten in Personalunion von Dänemarks Königen beherrscht wurde. 1716 gelang ihm die Einnahme von Christiania – dem heutigen Oslo –, doch dann zwang ihn die Vernichtung seiner mit Nachschub beladenen Schiffe durch die Dänen zum Rückzug: Zu viele Festungen im Rücken der Schweden waren bislang unbesiegt und machten ein gefahrloses Über-

Nordosteuropa nach dem Frieden von Nystad 1721

wintern des Heeres in Norwegen unmöglich. Etwa 5000 Tote waren bereits zu beklagen.

Es dauerte über ein Jahr, bis Karl erneut eine Armee von rund 20 000 Mann mobilisieren konnte. In der Zwischenzeit nahm er diplomatische Fühlung zu Russland auf, denn ihm waren die Zerwürfnisse seiner Gegner nicht entgangen: Wenn Frankreich und die Niederlande gemeinsam mit England-Hannover und Dänemark den russischen Einfluss in Zentraleuropa fürchteten, war das für ihn ein Grund, mit Zar Peter verhandeln zu lassen. Auch um in diesen Gesprächen seine nach wie vor existierende Machtstellung beweisen zu können, überschritt Karl mit seinen Soldaten erneut die Grenze zu Norwegen. Er teilte sie in Gruppen auf, um in einer Zangenbewegung auf Bergen zuzumarschieren. Erneut versuchte er, die Grenz- und Seestadt Frederikshald mit ihrer Festung Frederiksten zu erobern, die den direkten Zugang von Schweden nach Christiania sicherte. Und erneut blieb die weit fortgeschrittene Belagerung erfolglos – diesmal, weil Karl am 11. Dezember 1718 von einer Kugel getroffen wurde. Sie durchschlug seinen Schädel, der Tod trat unmittelbar ein.

Die Schweden brachen ihren Feldzug daraufhin ab und zogen sich auf ihr Territorium zurück. Dabei hatten besonders die Trondheim belagernden Truppen mehr mit dem Winter als mit Feinden zu kämpfen: Auf dem Rückzug, dem sogenannten Todesmarsch der Karoliner, erfroren weit über die Hälfte der 5800 schwedischen Soldaten. Ähnlich sah es bei der Garde aus, die Karl nach Frederiksten begleitet hatte: Von 2500 Mann kehrten lediglich etwa 500 nach Schweden zurück. Wie schon vor Poltawa waren die klimatischen Herausforderungen des Krieges im Norden – in Verbindung mit einem auch in Norwegen geführten Guerillakrieg – eine tödliche Bedrohung.

Nach all den Kriegen und territorialen Verlusten war die Bevölkerung des schwedischen Reiches von vormals 2,5 Millionen auf die Hälfte geschrumpft. Rund 200 000 Soldaten waren in Karls Feldzügen umgekommen, annähernd zehn Prozent der schwedischen Bevölkerung. Von Karls Leibgarde, seinen 147 Trabanten, die 1700 mit dem König loszogen, lebten nur noch 14 Personen. Der niederländische Reisende Justus von Effen berichtete 1719: »In ganz Schweden sah ich keinen einzigen jungen Kerl zwischen 20 und 40 außer den Soldaten. Der grausige Krieg hat nahezu die gesamte Jugend in diesem unglücklichen Reich gekostet [...] Das ganze Reich ist auf eine unglaubliche Weise brach, oft fanden wir bei der Ankunft auf einem Herbergshof weder Volk noch Pferde.« Die frühneuzeitlichen Kriege standen den modernen in ihren grausamen Folgen kaum nach.

Erst der Tod Karls bei der Belagerung von Frederikshald hatte den Weg zum Frieden geebnet. ***Der Leichnam Karls XII. von Schweden wird überführt.*** **Gemälde, 1884**

Immerhin eröffnete der Tod Karls den Weg zu einem Frieden. Seine jüngere Schwester Ulrika Eleonore ließ sich zur Königin krönen und dankte 1720 zugunsten ihres Mannes Friedrich von Hessen-Kassel ab – der gefallene Monarch hatte keine Kinder gehabt. Sehr schnell wandte

Krönung Friedrichs I. (1657–1713) zum König in Preußen am 18. Januar 1701 in Königsberg. Gemälde von Anton von Werner, 1887

sich Schweden den Engländern zu. Schon 1719 kam es zu einem Bündnis: London wollte Russland eindämmen und entsandte eine Flotte, die Stockholm vor Peters Galeeren schützen sollte. Im November 1719 folgte ein Friedensvertrag mit Hannover, das in Personalunion mit England verbunden war und nun eine Million Reichstaler für den dauerhaften Erwerb Bremen-Verdens zahlte.

Bereits im Januar 1720 schloss Schweden ein Abkommen mit Brandenburg-Preußen, das Stettin und Pommern behalten durfte. Neben Russland war es damit der größte Gewinner des Konflikts mit Schweden, obwohl – oder gerade weil – es erst so spät zu Karls Gegnern stieß. Schon 1701 hatte Kurfürst Friedrich III. den Krieg genutzt, um sich in Preußen als Friedrich I. zum König krönen zu lassen. Formal war dieser Teil seines Landes ein polnisches Lehen, aber weil August II. keinen weiteren Konflikt wollte, sondern die Rangerhöhung anerkannte, blieb der Protest der Adelsrepublik bedeutungslos. Lediglich die geplante Eingliederung Elbings nach Preußen unterblieb. Im Juni 1720 besiegelte Schweden außerdem mit Dänemark den Frieden von Frederiksborg: Stockholm verzichtete auf die Unterstützung Holstein-Gottorfs sowie auf seine Ausnahme vom Sundzoll, erhielt aber gegen die Zahlung von 600 000 Talern Stralsund, Wismar und Vorpommern zurück.

Nachdem England-Hannover bekommen hatte, was es wollte, erlosch sein Interesse an einer Unterstützung Schwedens schnell. Das Platzen der Südseeblase – eines gewaltigen Börsenschwindels um den Handel mit Südamerika – führte zu einer Rezession in England, zu Sparbemühungen in der Außenpolitik und zum Abzug der englischen Flotte von der schwedischen Küste. Doch kaum war diese abgesegelt, tauchten wieder russische Galeeren auf und suchten Schweden erneut heim. Der neue König Friedrich war militärisch nicht in der Lage, dem etwas entgegenzusetzen. Außerdem fürchtete er Thronansprüche aus Holstein-Gottorf, weshalb er auf einen Friedensvertrag mit Peter drängte und in Nystad, dem finnischen Uusikaupunki, seit April 1721 darüber verhandeln ließ. Erst am 10. September 1721 sollten die beiden Hauptgegner des Großen Nordischen Krieges eine Einigung erzielen.

Die Gespräche gestalteten sich auch deshalb so zäh, weil Russland seine Eroberungen behalten wollte, der Verzicht darauf aber einerseits Friedrichs Position daheim schwächte und andererseits das endgültige Ende Schwedens als Großmacht besiegelte. Freilich: Es gab keine Alternative. Russland sagte lediglich die Räumung Finnlands zu und zahlte außerdem zwei Millionen Reichstaler, durfte dafür aber das Baltikum sowie seine neue Hauptstadt Sankt Petersburg formal in Besitz nehmen.

Peter war der große Kriegsgewinner, er war nun wirklich Peter der Große. Ein gesicherter Zugang zur Ostsee erlaubte Russland direkten Handel mit dem Westen und brachte wirtschaftliches Wachstum. Die verwüsteten neuen Provinzen erhielten weitgehende Autonomie, brauchten aber lange für die Erholung; sie erreichten nie wieder die Prosperität der schwedischen Zeit. Dafür konnte Russland jetzt im Osten, nach Sibirien expandieren: Von Nordwesten drohte keine Gefahr mehr, denn Schweden war auf den Status einer Regionalmacht gestutzt worden. Die Niederschlagung der Kosakenaufstände sorgte für Ruhe in der Steppe, während die Osmanen hauptsächlich auf dem Balkan beschäftigt waren. Für Russland wie für Preußen legte der Große Nordische Krieg den Grundstein für den Aufstieg zur späteren Weltmacht. Nichts war 1721 schon entschieden und unausweichlich, aber klar war eben doch, dass Schweden, Sachsen oder Polen keine Bedrohungen mehr für das Zarenreich darstellten.

Für die polnisch-litauische Adelsrepublik waren die Zeiten, als sie ihren Nachbarn im Osten dominierte, endgültig vorbei. Fast ein Jahrhundert andauernder Invasionen aus Schweden und durchziehende Armeen aus verschiedenen Ländern hatten sie ausgezehrt, aber immer noch nicht die Streitigkeiten zwischen den Magnaten befriedet. Mit den Strukturen einer Adelsrepublik konnte sich das Land gegen seinen großen Rivalen jedoch nicht mehr behaupten. Auch die Verbindung mit Sachsen hatte sich nicht bewährt. Die Herrschaft Augusts II. führte nicht zu Prosperität und Reformen, sondern brachte noch mehr Krieg.

Und so wie Polen-Litauen immer mehr unter die Dominanz seines Nachbarn Russland geriet, erging es Sachsen im 19. Jahrhundert mit Preußen. Das war durchaus eine Folge der zurückhaltenden Politik Berlins im Großen Nordischen Krieg, die letztlich einigen Gewinn brachte – im Unterschied zum Vorgehen Augusts, dessen Engagement ihn zwischenzeitlich fast die Herrschaft auch in Sachsen gekostet hätte, aber am Ende zu gar nichts führte. Den Bedeutungsverlust Sachsens während des Großen Nordischen Krieges verdeutlicht wohl nichts besser als die Tatsache, dass ein gesonderter Friedensvertrag Sachsens mit Schweden nicht notwendig war. August selbst hatte nach dem für ihn ertraglosen Feldzug in Vorpommern und der Absicherung seiner Krone in Polen jegliches Interesse an dem Konflikt verloren, weil es rein gar nichts mehr für ihn zu gewinnen gab. Erst 1728 respektive 1732 würden Sachsen und Polen-Litauen den Krieg mit Stockholm auch vertraglich beenden.

Der Zar war der große Kriegsgewinner. Ein gesicherter Zugang zur Ostsee erlaubte Russland direkten Handel mit dem Westen und brachte wirtschaftliches Wachstum. Denkmal für Peter den Großen in Moskau, 1997

↗ Die Niederlage Schwedens stand einer Heldenverehrung für Karl im 19. Jahrhundert nicht entgegen. Denkmal für Karl XII. in Stockholm

11 Die Folgen des Großen Nordischen Krieges

Die Beerdigung Karls XII. in der Stockholmer Riddarholmskirche im Februar 1719 war ein Staatsakt. Rund 2000 erbeutete Fahnen und Standarten zeugten vom militärischen Ruhm des verstorbenen Herrschers. Als absolutistischer Monarch hatte er für sein Imperium einen Krieg geführt, den er gegen eine drückende Übermacht beinahe gewonnen hätte. Doch sein mangelndes Diplomatieverständnis – bei durchaus gerechtfertigtem Misstrauen angesichts der Zusagen seiner Nachbarn – machte ihn blind gegenüber allem Nichtmilitärischen. Folglich waren es allein Karls Entscheidungen, die den Niedergang Schwedens derart drastisch und schnell herbeigeführt hatten. Seine tatsächliche historische Bedeutung liegt darin, ein langsames Schrumpfen Schwedens dramatisch beschleunigt und dafür Hunderttausende Menschenleben geopfert zu haben.

Nach dem Tod Karls XII. gab es in der schwedischen Innenpolitik noch für lange Zeit Revisionisten, welche die Feindschaft zu Russland betonten. Zu einem weiteren Krieg kam es allerdings nicht, obwohl das Militär seine dominante Rolle behielt: Schweden entwickelte sich zum bemerkenswerten Beispiel eines Militärstaates, der keine Kriege führte. Das stand einer Heldenverehrung Karls insbesondere im 19. Jahrhundert nicht entgegen. Ihm gewidmete Geschichtsvereine entstanden ebenso wie Denkmäler oder Historiengemälde. Erst ein kritisches Theaterstück August Strindbergs von 1901 führte zu einer breiteren gesellschaftlichen Diskussion und einer differenzierteren Wahrnehmung, selbst wenn Nationalisten jeglicher Couleur auch in den folgenden Jahrzehnten immer wieder Karl als Vorbild huldigten. Nach wie vor fasziniert der Monarchenfeldherr, selbst wenn er nicht mehr nur uneingeschränkt bewundert wird.

Immer waren es Karls Erfolge auf dem Schlachtfeld, für die sich seine Biografen besonders interessierten. Schon der französische Philosoph Voltaire, der ihm 1731 ein Buch widmete, legte den Fokus darauf, wobei seine Beurteilung des Schweden durchaus nicht eindimensional war: Heldentum mischte sich aus seiner Sicht mit Tyrannei, seine »Leidenschaft für den Ruhm, den Krieg und die Rache verhinderte ihn ein guter Politiker zu sein, ohne welche Eigenschaft es nie einen Eroberer gab.« Am Hofe Friedrichs II. von Preußen, der Voltaire verehrte, war das Werk wohlbekannt, denn die Parallelen zur Situation Brandenburgs im

Erst ein kritisches Theaterstück August Strindbergs (1849–1912) führte zu einer breiteren gesellschaftlichen Diskussion über den Schwedenkönig. Porträtaufnahme Strindbergs, um 1900

Siebenjährigen Krieg (1756–1763) drängten sich auf. Hinter vorgehaltener Hand flüsterten die Adeligen, ihr König müsse aufpassen, nicht dasselbe Schicksal wie Karl zu erleiden: Erneut war ein Herrscher, entgegen jeglicher politischer Logik seiner Zeit, mit allen verfügbaren Mitteln seines Reiches in einen Konflikt um Triumph oder Untergang verwickelt. Die Frühmoderne kannte noch keinen totalen Krieg, aber die Kriegführung Karls und Friedrichs kamen diesem Konzept so nahe, wie es in jener Zeit möglich war – mit dem entscheidenden Unterschied, dass der spätere Sieger Friedrich sein Reich vergrößern wollte, während der künftige Verlierer Karl seine Feldzüge führte, um den Besitzstand seines Reichs zu wahren.

Expandieren wollten damals auch Sachsen und Russland, taten das aber mit ganz unterschiedlichem Erfolg. Dementsprechend wird heute an der Elbe August der Starke vor allem als prunkverliebter Barockherrscher gefeiert, während sein Engagement in Polen wenig und seine Feldzüge in Osteuropa praktisch keine Beachtung finden. Immerhin weist auf der A9 ein Schild auf Schloss Altranstädt hin – mit den Umrissen des Gebäudes und dem königlichen Monogramm Karls, der dort seinem Gegner August 1706 einen Frieden aufzwang.

In Polen ist der Große Nordische Krieg ebenfalls von untergeordneter Bedeutung für die nationale Erinnerungskultur. Die Sachsenzeit wird allgemein als Niedergang wahrgenommen, als Abgesang auf die glorreichen Tage der *Rzeczpospolita*, der Adelsrepublik, deren innere Zerstrittenheit und feindselige Nachbarn Ende des 18. Jahrhunderts zu den Teilungen Polens führte. Das geflügelte Wort von der »Schwedischen Sintflut«, das nicht zuletzt der Nobelpreisträger Henryk Sienkiewicz populär machte, bezieht sich vor allem auf die Invasionen fünfzig Jahre vor den Armeen Karls XII., obwohl dessen Feldzüge kaum weniger Elend über das Land brachten.

Die Ukraine wiederum feierte 2009 offiziell den Beginn ihres Bündnisses mit Schweden gegen Russland vor 300 Jahren. Diese Interpretation traf in Stockholm ebenso wenig auf Begeisterung wie das Moskauer Ansinnen, den Sieg über die schwedischen Invasoren groß zu zelebrieren. Trotzdem traf man sich in Poltawa mit annähernd 60 000 Gästen, was den dortigen Bürgermeister zu einem dringenden Appell zur Entpolitisierung des Gedenkens veranlasste. Es wurde ein grandioses Spektakel mit Andachten in allen Kirchen der Stadt, einer nachgestellten Schlacht, Ausstellungen, einer Schau neu interpretierter damaliger Mode und sogar einer fachwissenschaftlichen Konferenz. Doch ruhig blieb es vor allem dank der Menge von eigens abgeordneten Polizisten, welche die ukrainischen und russischen Feiernden voneinander fernhielten.

Russland und die Ukraine pflegen beide das Gedenken an den Krieg vor 300 Jahren – und tragen einen regelrechten Konflikt um die Erinnerung aus: Denn während die einen in Poltawa einen glorreichen Sieg errangen, der den Beginn ihres Aufstiegs zur Weltmacht markierte, mussten die anderen das Ende ihrer Unabhängigkeitsbestrebungen hinnehmen. Diese gedächtnispolitische Auseinandersetzung ist umso pikanter, als Poltawa heute in der Ukraine liegt, aber vor allem für Russland ein symbolischer Ort ist. Bedeutsamer für die Ukrainer ist Baturyn, der Ort des Massakers an Tausenden kosakischen Zivilisten, an dem heute die Holzfestung und Iwan Masepas Palast wiederaufgebaut sind, die als nationale Gedenkstätte besichtigt werden können.

Die Eroberung von Masepas Hauptstadt, Baturyn, durch russische Truppen gilt in der Ukraine als Symbol für jahrhundertelange Unterdrückung. Die aus Holz errichteten Befestigungsanlagen sind ein Nationaldenkmal. Aufnahme von 2019

Die Verdammung Masepas als Verräter begann in Russland unmittelbar nach dessen Abfall von Zar Peter, zuerst durch Theophan Prokopowitsch, Erzbischof von Nowgorod und engster kirchlicher Berater Peters, in der Kiewer Sophienkathedrale. Diese Wahrnehmung herrscht in Russland bis heute vor – ganz im Gegensatz zur Ukraine, die Masepa als tragischem Held in den letzten Jahrzehnten zahlreiche Denkmäler errichtete. Peter hingegen arbeitete auch am eigenen Mythos. Er ließ Bilder malen sowie Kirchen für seinen Sieg bauen und gab sogar eine Liturgie in Auftrag, die bis 1917 gefeiert wurde: Es war ein vollständiger Abendgottesdienst, keine Predigt, sondern ein Text, der jährlich zu lesen war. Gerade weil er keine Sonderform hatte, konnte er leicht in den Kirchen zelebriert werden und erreichte so die Menschen – er war ein Massenmedium seiner Zeit.

Peters Nachfolger begannen mit der imperialen Umgestaltung der Stadt Poltawa. Der dortige Runde Platz ist eines der bedeutendsten architektonischen Ensembles des russischen provinziellen Klassizis-

»Reenactment« oder Inszenierung der Schlacht von Poltawa durch russische Schauspieler und Soldaten in Moskau am 9. Juli 2009 zum 300-jährigen Gedenken

Weiße Rotunde in Poltawa, Ukraine. Sie wurde 1909 am Standort der alten Festung errichtet.

mus. In der Mitte des sternförmigen Platzes, auf den die Hauptachsen der Stadt zulaufen, befindet sich eine 16 Meter hohe Ehrensäule von 1809, gebaut zur Erinnerung an den Sieg. Auf ihr wehen inzwischen eine ukrainische Flagge und eine Flagge der im Zweiten Weltkrieg gegen die Sowjetunion kämpfenden Ukrainischen Aufständischen Armee. Karl XII. ist im öffentlichen Raum der Stadt nicht vertreten, sondern lediglich mit einer Büste im historischen Museum. Seit 2015 ›sitzt‹ 200 Meter vom 1849 errichteten Denkmal Peters des Großen entfernt ein überlebensgroßer Masepa.

Wie bei einem Palimpsest soll die Erinnerung an den Sieg des Zaren durch das Andenken an den Kampf des Hetmans überschrieben werden. Das Machtstreben zweier Herrscher wird zum Kampf der Völker umgedeutet, zum Streit um angestammten Besitz und nationale Unabhängigkeit, der spätestens vor 300 Jahren seinen Ausgang nahm und über die beiden Weltkriege bis in die Gegenwart führt. Die Hoheit über die Vergangenheit ist ein wichtiges Gut in den aktuellen Auseinandersetzungen beider Länder, die an der gemeinsamen Grenze ja tatsächlich mit Waffen gegeneinander kämpfen.

Gefeiert wird der Krieg, nicht der Friede. So war es auch bei der Weißen Rotunde, gebaut 1909 am Ort der alten Festung Poltawa. In den letzten Jahren des Zarentums gedachte man Peters Triumph, während auf dem ehemaligen Schlachtfeld eine schwedische Delegation immerhin ein Denkmal für ihre Gefallenen errichten durfte. Im Zweiten Weltkrieg wurde die Rotunde zerstört und danach als sowjetisches Monument für die Völkerfreundschaft wiederhergestellt. Für die unabhängige Ukraine kam eine solche Deutung nicht mehr in Frage. Aber an diesem Ort, wo der Blick weit reicht über die Stadt und die mit so viel Blut getränkte Landschaft, versagte man sich martialischer Symbolik und brachte an dem Denkmal zusätzlich ein Zitat des ukrainischen Dichters Iwan Kotljarewskyj (1769-1838) an: »Wo es Harmonie in der Familie gibt, wo es Frieden und Ruhe gibt, dort sind glückliche Menschen, ein glückseliges Umfeld ...«

Anhang

Zeittafel

In der damaligen Zeit galt in Russland der Julianische Kalender, ebenso in Schweden, allerdings mit Abweichung von einem Tag. Im übrigen Europa nutzte man den auch heutzutage üblichen Gregorianischen Kalender. Alle Daten wurden entsprechend umgerechnet.

1697

15. September	Krönung Friedrich Augusts I. von Sachsen zum polnischen König (als August II.)
24. Dezember	Krönung Karls XII. zum schwedischen König

1699

25. September	Vertrag von Dresden zwischen Sachsen und Dänemark, gegen Schweden
21. November	Vertrag von Preobraschenskoje zwischen Sachsen und Russland, gegen Schweden

1700

12. Februar	Sächsische Invasion in Schwedisch-Livland
11. März	Kriegserklärung Dänemarks an Schweden
18. August	Friedensvertrag von Traventhal zwischen Dänemark und Schweden, nach einer schwedischen Landungsoperation bei Kopenhagen
20. August	Kriegserklärung Russlands an Schweden
30. November	Schlacht bei Narva: Schwedischer Sieg über Russland

1701

19. Juli	Schlacht an der Düna: Schwedischer Sieg über Sachsen-Polen

1702

9. Juli	Schlacht bei Kliszów: Schwedischer Sieg über Sachsen-Polen

1703

27. Mai	Baubeginn von Sankt Petersburg
14. Oktober	Eroberung des polnischen Thorn (Toruń) durch Schweden

1704

12. Juli	Stanisław Leszczyński wird in Warschau von den Schweden zum polnischen Gegenkönig von August gemacht

1705

31. Juli	Schlacht bei Rakowiec: Schwedischer Sieg über Sachsen-Polen

1706

13. Februar	Schlacht bei Fraustadt: Schwedischer Sieg über Sachsen
24. September	Friedensvertrag von Altranstädt zwischen Sachsen und Schweden; Abdankung Augusts als polnischer König (ratifiziert 19.1.1707)
29. Oktober	Schlacht bei Kalisz: Sächsisch-russischer Sieg über Schweden

1708

14. Juli	Schlacht bei Golowtschin: Schwedischer Sieg über Russland
21. August	Schlacht bei Koniecpol: Leszczyński verliert gegen Augusts polnische Unterstützer

9. Oktober	Schlacht bei Lesnaja: Russischer Sieg über Schweden
13. November	Eroberung von Baturyn: Russischer Sieg über die Kosakenhauptstadt Iwan Masepas

1709

28. Juni	Vertrag von Dresden zwischen Sachsen und Dänemark, gegen Schweden
8. Juli	Schlacht bei Poltawa: Russischer Sieg über Schweden
7. Oktober	Vertrag von Thorn zwischen Sachsen und Russland, gegen Schweden
20. Oktober	August erklärt sich erneut zum polnischen König; Stanisław Leszczyński geht ins Exil
22. Oktober	Vertrag von Kopenhagen zwischen Dänemark und Russland, gegen Schweden

1710

29. September	Nach Schwedisch-Livland kapituliert auch Schwedisch-Estland gegenüber Russland
21. November	Kriegserklärung des Osmanischen Reiches an Russland

1712

1. Oktober	Dänemark erobert das schwedische Bremen-Verden
20. Dezember	Schlacht bei Gadebusch: Schwedischer Sieg über Sachsen und Dänemark

1713

16. Mai	Kapitulation eines schwedischen Heeres bei Tönning
27. Juni	Friedensvertrag von Adrianopel zwischen Russland und dem Osmanischen Reich
29. September	Kapitulation der schwedischen Festung Stettin, preußische Verwaltung

1714

11. November	Aus dem Exil im osmanischen Bender trifft Karl XII. in Stralsund ein

1715

27. April	Vertrag von Stettin zwischen Hannover und Preußen, gegen Schweden
23. Dezember	Kapitulation der schwedischen Festung Stralsund, dänische Verwaltung

1716

19. April	Kapitulation der schwedischen Festung Wismar, dänische Verwaltung
4. Juli	Scheitern des schwedischen Angriffs auf das dänisch-norwegische Frederiksten

1717

1. Februar	»Stummer *Sejm*« in Warschau: Augusts Herrschaft in Polen und Russlands Einfluss werden gestärkt

1718

11. Dezember	Tod Karls XII. in Frederiksten, der schwedische Angriff auf Norwegen scheitert; Ulrika Eleonore wird Karls Nachfolgerin

1719

20. November	Friedensvertrag von Stockholm zwischen Schweden und Hannover; das schwedische Bremen-Verden geht an Hannover

1720

1. Februar	Friedensvertrag von Stockholm zwischen Schweden und Brandenburg-Preußen
3. Mai	Ulrika Eleonores Ehemann Friedrich wird schwedischer König
14. Juli	Friedensvertrag von Frederiksborg zwischen Schweden und Dänemark

1721

10. September	Friedensvertrag von Nystad zwischen Schweden und Russland

1729

28. April	Friedensvertrag von Stockholm zwischen Schweden und Sachsen

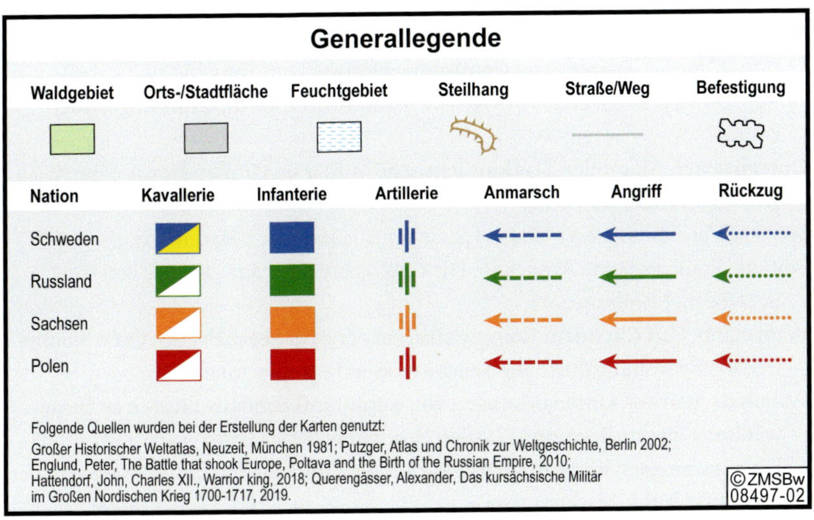

Literaturhinweise

Anisimov, Evgenij Viktorovič: The reforms of Peter the Great. Progress through coercion in Russia. Armonk, NY 1993.

Baumann, Kirsten / Bleile, Ralf (Hrsg.): Von Degen, Segeln und Kanonen. Der Untergang der Prinzessin Hedvig Sofia. Dresden 2015.

Duffy, Christopher: The Military Experience in the Age of Reason. London 1987.

Englund, Peter: The Battle that shook Europe. Poltava and the Birth of the Russian Empire. London 2010.

Findeisen, Jörg-Peter: Karl XII. von Schweden. Ein König, der zum Mythos wurde. Berlin 1992.

Frost, Robert I.: The Northern Wars. War, State and Society in Northeastern Europe, 1558–1721. London / New York 2014.

Hattendorf, John B. u. a. (Hrsg.): Charles XII. Warrior King. Zutphen 2018.

Hatton, Ragnhild: Charles XII of Sweden. London 1968.

Hohrath, Daniel: Ein König im Feldlager. Karl XII. (1682–1718). In: Förster, Stig / Pöhlmann, Markus / Walter, Dierk (Hrsg.): Kriegsherren der Weltgeschichte. 22 historische Portraits. München 2006. S. 128–146.

Hughes, Lindsey: Russia in the Age of Peter the Great. New Haven, CT, 1998.

Krüger, Joachim: Karl XII. – der »heroische« Militärmonarch Schwedens. In: Wrede, Martin (Hrsg.): Die Inszenierung der heroischen Monarchie. Frühneuzeitliches Königtum zwischen ritterlichem Erbe und militärischer Herausforderung. München 2014, S. 358–381.

– Der letzte Versuch einer Hegemonialpolitik am Öresund. Dänemark-Norwegen und der Große Nordische Krieg (1700–1721). Berlin 2019.

Megorsky, Boris: The Russian Army in the Great Northern War 1700–21. Organisation, Materiel, Training and Combat Experience, Uniforms. Warwick 2018.

Plokhy, Serhii (Hrsg.): Poltava 1709. The Battle and the Myth. Cambridge, MA, 2012.

Querengässer, Alexander: Das kursächsische Militär im Großen Nordischen Krieg 1700–1717. Paderborn 2019.

Stevens, Carol B.: Russia's Wars of Emergence, 1460–1730. Harlow 2007.

Voltaire, François Marie Arouet de: Die Geschichte Karls XII., Königs von Schweden. Hamburg 2012.

Wahrmann, Carl Christian: Kommunikation der Pest. Seestädte des Ostseeraums und die Bedrohung durch die Seuche 1708–1713. Berlin 2012.

Windhuis, Barbara: Untersuchungen von Kommunikationsstrukturen an ausgewählten Flugschriften zum Großen Nordischen Krieg (1700–1721). Kommunikationsstrategien im Spannungsfeld zwischen Information und Agitation in der Frühaufklärung. Marburg 2014.

Wyczański, Andrzej: Polen als Adelsrepublik. Osnabrück 2001.
Zernack, Klaus: Nordosteuropa. Skizzen und Beiträge zu einer Geschichte der Ostseeländer. Lüneburg 1993.

Abbildungsnachweis

akg-images: 7, 10/11, 36/37, 46/47, 53, 63, 73, 80/81, 83, 84/85, 109, 119, 125, 129, 131 Heritage Images / Fine Art Images; 8 Sotheby's; 26 Liszt Collection; 59 De Agostini Picture Library; 62 MPortfolio / Electa; 87 Sputnik; 88/89 Bruno Barbier; 97, 107, 112 Elizaveta Becker; 121 Historisches Auge; 122 Ellen Spielmann; 139 Jürgen Sorges; 142 Archive Photos; 14/15, 19, 29, 43, 54, 78, 115, 117, 134/135, 136

Alamy Stock Foto: 23 Art World; 32 lunstream; 56/57, 104/105 The Picture Art Collection; 67 De Luan; 74 Panama; 146 Geeky Anglophile / Stockimo

Bpk Bildagentur: 13 Staatliche Schlösser, Gärten und Kunstsammlungen Mecklenburg-Vorpommern / Elke Walford

Imago: 144 Ukrinform

Militärhistorisches Museum der Bundeswehr: 35 Andrea Ulke

picture alliance: 128 dpa / Archäologischen Landesamt Schleswig; 141 dpa / Carsten Rehder; 145 dpa / Maxim_Shipenkov

ZMSBw: 25, 41 FB Publikationen

Personenregister